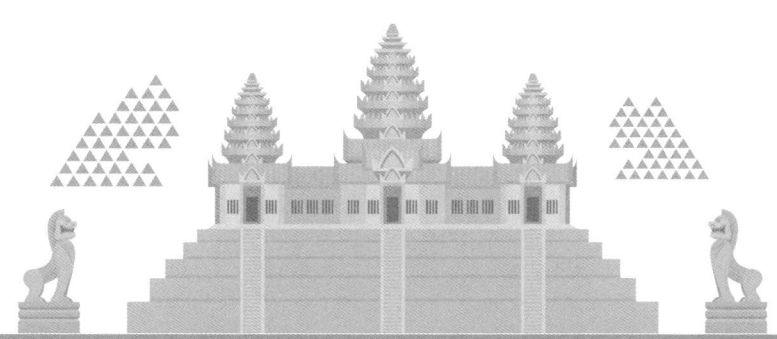

캄보디아
관광·비즈니스

CAMBODIA
Tourism·Business

정수원 지음

국가개요 + 관광안내 + 경제현황 + 투자환경 + 유익한 생활정보 + 지도

ASEAN(동남아국가연합)은 '인도네시아, 싱가포르, 태국, 필리핀, 말레이시아, 브루나이, 베트남, 미얀마, 라오스, 캄보디아' 등 10개 국가의 경제·사회·정치·안보·문화를 위한 지역협력기구로 총 인구는 약 6억 5천만 명이다. 또한 평균 노동연령도 낮아 값싼 노동력에 의한 생산중심시장에서 향후에는 소비중심시장으로서 성장 전망이 있는 매력적인 시장이다.

지금까지 우리나라 기업은 국내의 임금상승과 협소한 국내시장으로 '세계의 공장' 및 '세계의 시장'이라고 불리는 중국에 집중적으로 진출해 왔다. 하지만 중국의 물가 상승과 인건비 상승, 외국인투자유치법의 잦은 변경으로 해외투자 기업들이 새로운 ASEAN의 신흥개발도상국(베트남, 캄보디아, 라오스, 미얀마)으로 생산기지를 이동하는 추세이다. 최근 이들 국가는 외국인 직접투자유치 정책과 개방, 경제제재의 해제 등으로 외국인 투자가 다른 지역보다 활발하게 이루어지고 있다.

특히 캄보디아는 킬링필드(The Killing Fields)로 우리에게 잘 알려진 국가이다. 1975년부터 1979년까지 민주 캄푸차정권 시기에 폴포트가 이끄는 크메르 루즈 무장단체가 저지른 학살로 인해 전체 인구의 약 4분의 1에 해당하는 200만 명이 희생된 것으로 추정되지만, 지금은 과거의 아픔을 극복하기 위해 지속적인 노력을 하고 있다.

그리고 세계 7대 불가사의 '앙코르 와트'라는 세계문화유산을 가지고 있어 전 세계에서 관광객들이 끊임없이 몰려들고 있으며, 우리나라 관광객도 많다. 현재 캄보디아는 우리나라의 60-70년대 생활수준이지만 우리나라를 비롯한 중국, 일본, 유럽 등 다국적기업이 경쟁을 하면서 투자를 하고 있어 하루가 다르게 발전하고 있다.

본 저서는 30년 이상 ASEAN 국가에 관심을 가지고 지금까지 연구하면서 쌓아온 지식과 현재 근무하고 있는 대학에서 추진하고 있는 '대학생 지역전문가 양성(DAIP)' 사업을 통해 현지에서 학생들을 지도하면서 수집한 자료를 참고로 정리하였다.

마지막으로 2015년에 출판한 '캄보디아 GUIDE BOOK'에 이어 두 번째 출판하게 된 관광·비즈니스 출판에 많은 도움을 주신 현지 한국 교민분들과 도서출판 책연 대표님께도 감사를 드린다.

　　동서대학교는 아시아 최고의 허브대학을 목표로 노력하고 있다. 학생들을 아시아지역의 전문가로 양성하기 위해 매년 여름방학 기간에 지도교수와 학생들이 함께 여러 아시아 국가를 방문하는데 대학이 많은 지원을 하고 있다. 방문 국가에서는 자매대학의 학생들과 교류를 하고, 또한 전문적인 지식 습득을 위해 다양한 체험활동을 하고 있다.

　　DAIP 캄보디아팀은 '현지시장 개척을 위한 국제마케팅 활동'을 주제로 2013년부터 시작하여 참가한 학생들이 판매상품을 선정하여 우리나라에서 직접 가지고간 상품을 현지 시장에서 판매해 보고, 캄보디아에 진출한 우리나라 기업을 방문하여 해외기업 경영에 대한 전문적인 지식을 습득하고 있다. 지금까지 참가한 졸업생은 우리나라의 대기업과 중견기업에 취업을 하였고, 일부 학생은 해외취업을 하고 있다. 또한 참가한 졸업생중에 캄보디아 현지에서 창업을 하는 등 대학의 국제화 프로그램 덕분에 좋은 성과를 보여주고 있다.

캄보디아
관광 · 비즈니스

목 차

[참고문헌]

캄보디아
관광 · 비즈니스

Ⅰ. 국가개요

국 명	캄보디아 왕국(Kingdom of Cambodia)
위 치	인도차이나반도
면 적	18만1,035㎢
기 후	열대몬순(우기:4~10월/건기:11~3월) 연평균 27.6도
수 도	프놈펜
인 구	약 1,600만명
통 화	리엘(1달러: 약 4,100리엘)
인 종	크메르족(90%) 기타(Cham족, 베트남, 화교 등)
언 어	크메르어(96.31%), 소수민족어(2.86%), 베트남어(0.54%) 등
종 교	불교(96.93%), 이슬람교(1.92%), 기독교(0.37%) 등

국기

중앙에 있는 그림은 캄보디아를 상징하는 앙코르 와트이고, 위와 아래의 청색은 왕실을 의미한다. 그리고 중앙의 적색은 국민을 의미하고, 앙코르 와트 그림의 흰색은 불교를 상징하며, 1993년도에 만들어졌다.

캄보디아는 동남아시아의 인도차이나반도에 위치하고 있다. 국토의 총면적은 약 181,035㎢로 베트남의 1/2, 태국의 1/3이다. 동쪽으로 베트남, 서쪽으로 태국, 북쪽으로 라오스와 국경을 접하고 있으며, 남쪽으로는 시암만이 있다. 국토의 대부분은 평야이고 국토의 중앙에 메콩강이 남북으로 흐르고, 북서부 중심에는 동남아시아에서 제일 큰 톤렙샵 호수가 있다.

기후

기후는 열대몬순 기후로 계절은 크게 6월~10월이 우기이고, 11월~5월이 건기이다. 연 평균기온은 27.7도이나 가장 더운 시기는 3월에서 5월까지로 낮 기온은 40도까지 올라간다. 우기에는 메콩강이 범람하여 톤렙샵 호수로 물이 흘러 들어가 역류현상을 일으켜 톤렙샵 호수는 최대 5배까지 물이 불어나기도 한다.

█ 프놈펜의 월별 기온 █

(단위 : ℃)

	1월	2월	3월	4월	5월	6월	7월	8월	9월	10월	11월	12월
평균 기온	26.3	27.3	28.6	29.6	29.2	28.5	27.8	28	27.7	27.2	26.6	26
최소 온도	21.3	22.4	23.6	24.7	24.7	24.5	24.2	24.5	24.4	24.1	23.3	21.9
최고 온도	31.3	32.2	33.7	34.5	33.7	32.6	31.5	31.6	31.0	30.4	30	30.1

인구

캄보디아 인구는 2018년을 기준으로 약 1,600만 명으로 인구의 90퍼센트가 크메르족(Khmer)이고, 참족(Cham), 프농족(Phnong), 쿠웨이족(Kuoy), 스팅족(Stieng), 타밀족(Tamil) 등 소수 민족과 중국인, 베트남인, 인도인, 태국인으로 구성되어 있으며, 인구 증가율은 1.54%이다. 최대 도시인 수도 프놈펜시의 인구는 약 170만 명이다. 평균 수명은 남자가 56.3세, 여자는 62.2세이다. 폴 포트 시대에 학살과 내전의 영향으로 젊은 층 인구의 비율이 높아 15세 미만 인구가 전체 인구의 38.7%를 차지하고 있다. 압도적으로 농촌 인구가 많아 국민 80% 이상이 농촌에 거주하지만, 최근에는 일자리를 찾아 농촌에서 도시로 이동하는 인구가 증가하고 있다.

캄보디아 인구 밀집도

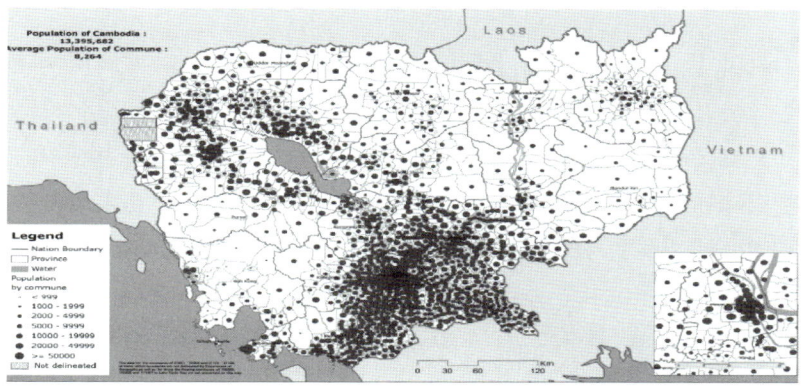

언어

캄보디아의 공식 언어는 크메르어이다. 크메르어는 자음 33개, 독립
모음 12개 등 가장 많은 숫자의 알파벳을 가진 언어로 알려져 있다.
캄보디아 전역에서 영어가 널리 사용되며 프랑스나 중국어가 통용되
는 지역도 있다. 캄보디아 노년층은 대부분 프랑스어를 구사하며,
크메르계 중국인들은 중국어를 사용한다.

크메르어

ក	ខ	គ	ឃ	ង
ច	ឆ	ជ	ឈ	ញ
ដ	ឋ	ឌ	ឍ	ណ
ត	ថ	ទ	ធ	ន
ប	ផ	ព	ភ	ម
យ	រ	ល	វ	ស	ហ	ឡ	អ

통화

캄보디아는 자국화폐인 리엘과 달러를 사용하며, 캄보디아 화폐 종류
는 100리엘, 500리엘, 1,000리엘, 5,000리엘, 10,000리엘이 있다. 일반
적으로 환율은 1달러에 약 4,000리엘로 환산되며, 달러가 통용되고
있기 때문에 여행객은 캄보디아 화폐로 환전할 필요가 없다. 그리고
시내에서 카드로 현금인출이 잘 안되기 때문에 현찰을 가지고 다녀야
한다. 하지만 고급 호텔이나 레스토랑에서는 카드사용이 가능한 곳도
있다. 관광지를 제외하고는 신용카드를 사용하는 곳이 한정되어 있어
주의가 필요하다. 또한 신용카드를 사용하면 수수료를 지불하는 경우
도 있다.

전화

우리나라에서 캄보디아로 전화를 거는 방법은 집 전화 또는 휴대폰을
이용하면 된다. 캄보디아의 국번은 855번이며, 지역번호에서 0을 생
략하여야 한다. 캄보디아에서 한국으로 전화를 할 때 국번은 82번이
며, 지역번호에서 0을 생략한다.

▎ 한국에서 캄보디아로 거는 방법 ▎

한국 ▶ 캄보디아 국번(855) ▶ 시내번호 0을 생략 ▶ 상대 전화번호

▎ 캄보디아에서 한국으로 거는 방법 ▎

캄보디아 ▶ 한국 국번(82) ▶ 시내번호 0을 생략 ▶ 상대 전화번호

시차

캄보디아 현지 시간은 우리나라보다 2시간 느려 서울이 오전 10시이
면 캄보디아는 오전 8시이다.

인사법

캄보디아 전통 인사법은 두 손바닥을 가슴 앞에 모아 고개를 가볍게
숙이며 쭘리업 쑤어(Chumreap Suor)라고 예의 바르게 인사한다. 손
을 높이 올리고 고개를 깊숙이 숙일수록 더욱 큰 존경을 나타낸다.
최근에는 웃어른이나 정부 관료와 만날 때를 제외하면 남성들은 악수
로 인사를 하며, 여성들은 남성과 여성 모두에게 전통 방식으로 인사
를 한다.

종교

헌법에 불교가 국교로 정해져 있으며, 전체 인구의 96.93%가 불교도
이다. 타 종교로 이슬람교, 기독교 등이 있다.

교육제도

캄보디아의 교육제도는 초등학교(1~6학년), 중학교(7~9학년), 고등학교(10~12학년), 대학 및 기타 고등교육 기관으로 구성되어 있다. 의무교육은 중학교(9학년)까지이다.

물가

캄보디아는 동남아시아 개발도상국으로서 아직 물가는 저렴하지만 소득 증가와 경제성장으로 인하여 매년 물가가 상승하고 있다. 제조업이 별로 없어 대부분의 상품은 중국과 인근 동남아시아 국가로부터 수입에 의존하고 있다. 상품가격은 저렴하지만 상품의 질은 매우 떨어지고 불량품이 많아 구입할 때 잘 확인해야 한다.

천연자원과 원자재가 부족하여 상품을 생산할 수 있는 능력이 없어 캄보디아의 수입원이 되는 것은 관광 수입이다. 관광지의 입장료는 매년 상승하고 있으며, 관광지 상품 가격도 시내 시장보다 비싸다.

숙박비

캄보디아의 숙박비는 천차만별이다. 1박에 5달러를 받는 곳이 있는가 하면 100달러 이상 받는 고급 호텔도 있다. 저렴하게 이용한다면 프놈펜 시내에도 1박에 5달러나 10달러에 이용할 수 있는 게스트하우스나 비즈니스호텔이 많이 있다.

하지만 씨엠립의 경우 특급호텔이라 하더라도 위치에 따라 저렴한 요금으로 숙박이 가능하다. 저렴하게 특급호텔을 이용할려면 호텔전문 사이트나 여행사를 통해 미리 예약하면 된다. 현지에서 만약 예약을 한다면 프놈펜은 리버사이드 부근에 여행사가 많이 몰려 있고, 씨엠립은 시내 중심지에 여행사가 있다.

식비

캄보디아에서 식비는 어느 곳을 이용하는 가에 따라 다르다. 현지 서민들이 이용하는 곳은 1식에 1달러나 2달러로 충분하지만 비위생적이고, 입에 맞지 않는 경우가 많아 외국인 여행객은 전문식당을 많이 이용한다. 프놈펜이나 씨엠립 같은 대도시에는 다양한 음식을 제공하는 레스토랑이 많다.

특히 우리나라 교민이 운영하는 식당에서는 불고기, 탕, 자장면, 김치찌개 등 다양한 메뉴가 있고, 일본식당에서는 정식과 생선회를 제공하고 있지만 생선회는 신선하지 않기 때문에 먹지 않는 것이 좋다. 이전에는 북한식당도 영업을 하고 있었으나 최근에는 이용객이 줄어 일부는 폐업한 상태이다.

복장

캄보디아는 건기와 우기로 구분된다. 건기에는 기온이 떨어지지만 비가 오지 않아 먼지가 많다. 건기복장은 덥거나 습기가 많지 않지만 살이 탈 수 있고, 기온차가 있어 긴팔 옷을 준비하는 것이 좋다. 우기에는 30도 이상 기온이 상승하여 반팔 옷을 입지만 건물 내부는 냉방시설이 잘되어 있어 긴팔 옷이 필요하여 여름옷과 겨울옷을 준비해 가는 것이 좋다. 그리고 사찰과 같은 관광지에서 너무 노출된 복장은 금지하는 경우도 있어 신발과 함께 기본적인 예의는 갖추어야 한다.

캄보디아뿐만 아니라 동남아시아 여러 국가에 말라리아가 유행하고 있어 모기에 물리지 않도록 주의해야 한다. 프놈펜이나 씨엠립에도 모기가 있어 주의해야 하고, 특히 산림이 우거진 곳에서는 모기와 벌레에 물리지 않도록 주의가 필요하다. 말라리아에 걸리지 않기 위해 예방주사를 맞는 것에 대해서는 본인이 판단하면 된다. 캄보디아 시골 어린이들 머리에는 아직 석해나 이가 있어 특별한 경우가 아니면 머리를 만지거나 접촉하여 이가 옮지 않도록 주의해야 한다. 최근에는 매춘이 성행하여 성병 발생률이 매년 증가하고 있다는 보고서가 있다. 씨엠립에는 외국인 관광객을 상대로 매춘을 권유하는 현지인들이 많아 주의가 필요하다.

말라리아 (Malaria)

말라리아는 말라리아균을 가진 모기가 옮기는 질병을 말한다. 프놈펜이나 씨엠립(앙코르 유적) 및 시하누크빌과 같은 도시에서는 감염되는 경우는 극히 드물다. 다만 산악 지역이나 국경 등에서는 감염의 우려가 있다. 말라리아균은 체내에 들어오면 잠복기가 있으며, 발병 후에는 오한과 고열 증상이 나타나고 열이 올랐다가 내리는 상태가 계속 반복된다. 심할 경우 목숨을 잃을 수도 있다. 말라리아 예방약은 부작용이 있으므로 반드시 의사와 상담을 받아야 처방받을 수 있다.
또한 미리 예방하는 약이므로 여행 전 및 여행 중에 계속 복용한다. 만약 말라리아 예방약을 복용하지 않고 감염 지역을 여행하게 되는 경우라면 모기에 물리지 않도록 모기 퇴치제를 사용하거나 긴 옷을 입어야 한다.

에이즈 (AIDS)

정확한 통계는 없으나 캄보디아에서도 에이즈는 골칫거리이다. 에이즈는 주로 성 접촉이나 혈액 등에 의해 전염되므로 현지인과의 비상식적인 신체 접촉은 피하는 것이 좋다. 그러나 에이즈는 전염병은 아니므로 일반적인 생활에서는 감염의 위험성은 없다.

광견병 (Rabies)

광견병(공수병)은 발병 시 치사율이 높은 질병으로 동물(특히 개)에게 물리거나 긁힌 뒤 몇 주간의 잠복기를 거쳐 나타난다. 국내에서와 달리 태국이나 캄보디아를 비롯한 동남아시아에서는 거리를 돌아다니는 동물(개, 고양이 등)에게는 절대 손을 대지 않는 것이 좋다. 캄보디아 일부 지역에서는 개를 풀어놓고 키우는 경우가 많은데, 낯선 사람에게는 위협이 된다.

A형 간염 (Hepatitis A)

A형 간염은 음식이나 식수(음료) 중의 바이러스로 감염되거나, 또는 이미 감염된 사람과 접촉함으로써 전파된다. 주로 동남아시아에서 많이 발생하지만, 최근에서는 국내에서도 발생하고 있다. 38도가 넘는 발열과 권태감이나 구토 등의 증상이 있다. 잠복기는 평균 1개월로 귀국 후에 발병하는 경우가 많다. 장기 체류자는 백신을 맞는 것이 좋다. 예방 접종을 하지 않은 경우에는 음식이나 식수를 조심하도록 한다. 특히 생수의 경우 상표가 없는 제품보다는 편의점(마트)과 같은 곳에서 판매하는 유명 제품을 구입하는 것이 안전하다.

이질, 콜레라, 티푸스

음식이나 물에 의해 감염된다. 이질의 잠복기는 수 시간에서 3일로 설사, 발열, 복통 등의 증상이 있다. 콜레라의 잠복기는 1~5일로 심한 설사를 하게 된다. 때로는 구토를 하기도하나 복통, 발열은 거의 없다. 티푸스의 잠복기는 1~3주로 발열과 배, 가슴에 분홍색 발진이 난다. 이들 세 질병은 법정 전염병이므로 귀국 시 격리되어 입원 치료를 받아야 한다.

뎅기열 (Dengue fever)

말라리아와 마찬가지로 모기에 의해 감염되는 질병이다. 프놈펜에서는 (과거에) 발병하여 사망한 사례도 더러 있으므로 주의해야 한다. 잠복기는 5~7일 정도로 말라리아와 비슷한 증상이 나타나며 손발에 풍진과 같은 발진이 난다. 그러나 예방약이 없으므로 말라리아보다 더 위험하다.

(a) 뎅기열(Dengue fever)은 갑작스런 발열과 함께 뒤따르는 전신 증상 또는 반점성 피부발진을 동반하는 급성 열성 질환이다. 심한 근육통을 동반하기 때문에 'Breakbone Fever'라고 알려져 있다. 발열은 이상성(두개의 분리된 발열 양상)으로 나타날 수 있다. 대부분의 환자는 수일 경과 후 회복된다.

(b) 뎅기 출혈열(Dengue Hemorrhagic fever)은 급성 발열과 함께 뒤따라 혈소판 감소증, 혈관 투과성의 증가 및 출혈 경향으로 발생하는 다른 증상을 동반한다.

(c) 뎅기 쇼크 증후군(Dengue Shock Yymdrome)은 환자들의 일부에서 발병되는 형태로 즉각적인 의료적 처치가 필요한 심한 저혈압이 발생하며, 적절한 처치가 없는 경우 환자의 40~50%는 사망하며, 적절한 처치가 이루어진 경우에는 사망률은 1% 미만이다.

기생충

캄보디아를 비롯한 동남아시아 지역에서는 음식물 등에 의한 기생충 감염 위험이 있다. 민물고기나 돼지고기 등을 먹을 때에는 날로 먹지 말고 반드시 익혀먹는 것이 좋다. 그리고 캄보디아를 비롯한 동남아시아에서는 주혈흡충증(schistosomiasis)의 위험이 있으므로 담수에서 수영을 하는 것은 피하는 것이 좋다. 예방접종은 따로 없지만 기생충 예방약을 복용하는 것도 좋은 방법이다.

조류 독감

조류독감(조류인플루엔자)은 조류에 서식하는 인플루엔자 바이러스에 의한 독감을 말하며 사람도 이에 감염되어 사망에 이르게 하고 있다. 2005년 전후부터 캄보디아를 비롯한 동남아시아뿐만 아니라 전 세계적으로도 문제가 되고 있다. 따라서 관련 음식물 섭취에 주의해야 할 것이다. 다만 특정 온도 이상에서는 살균된다고 하므로 익혀서 먹는 것이 좋다.

출처 : 캄보디아 여행자클럽

캄보디아 이야기

캄보디아 화폐에 일장기가?

캄보디아 화폐 단위는 리엘로 지폐인 100리엘, 500리엘, 1,000리엘, 5,000리엘, 10,000리엘이 있다.
그런데 캄보디아 화폐인 500리엘에 캄보디아 국기와 일본의 일장기가 함께 그려져 있다.
어느 나라 화폐를 보더라고 자국의 화폐에 다른 국가의 국기가 그려져 있는 것은 볼 수가 없는데 일장기가 그려져 있는 것은 일본이 캄보디아에 쓰바사(날개)라는 다리를 놓아주고 화폐에 일장기와 다리 그림을 허용한 것으로 생각한다.
이전에 훈센정권에 반대하는 대모대가 거리에 나와 시위를 할 때 부산시에서 기증한 소방차를 이용하여 물대포로 진압을 하여 좋은 일을 하고도 비난을 받은 적이 있어, 어처구니없는 일이 벌어졌었다.

입국방법

캄보디아 입국은 항공을 이용하여 프놈펜이나 씨엠립으로 입국하는 방법과 태국이나 베트남에서 육로를 이용하여 입국하는 방법이 있다. 육로를 이용한 입국은 항공편보다 저렴하지만 시간이 많이 걸리고 입국수속이 복잡하다.

태국에서 육로로 입국한다면 방콕시내 모찌트 버스터미널에서 장거리 버스를 타고 캄보디아 포이펫 국경을 넘어 입국을 하면 된다. 버스 이동시간과 입국수속에는 많은 시간을 필요로 한다.

베트남에서 육로로 캄보디아 입국은 베트남의 호치민 시내에서 북서로 60Km 떨어진 목바이에서 출발하여 캄보디아의 바베트국경을 넘어 프놈펜 시내 중심지까지 이동이 가능하다. 캄보디아와 베트남 간에 금호고속이 운행하고 있다.

환전과 신용카드

캄보디아 화폐 단위는 리엘(Riel)이다. 달러에 대한 리엘의 환율 변동은 거의 없다. 캄보디아는 리엘과 달러를 병행하여 사용하기 때문에 입국 전에 달러만 가져가면 된다. 달러의 화폐 가치는 높고 상품구매에 있어 달러를 지불하더라도 잔돈은 리엘로 환산하여 건네준다. 50달러 이상의 화폐를 지불하더라도 잔돈은 달러로 받을 수 있기 때문에 걱정할 필요가 없다.

신용카드를 사용하는 곳은 별로 없다. 호텔이나 유명한 레스토랑에서는 카드사용이 가능하지만 재래시장이나 관광지에서는 대부분 현찰을 사용한다.

SIM카드구입

전화통화는 출국 전에 로밍하여 휴대폰을 사용하면 되지만 요금이 비싸 현지에서 연락은 SIM카드를 구입하여 사용하면 저렴하고 편리하다. 최근에는 시내 곳곳에 SIM카드 판매점이 많이 생겨 SIM카드를 교체하여 사용하면 된다. 비용은 사용하는 시간에 따라 다르겠지만 짧은 여행이라면 5달러나 10달러 정도 구입하면 충분히 사용할 수 있다. 하지만 주의할 것은 SIM카드 교체 후 휴대폰 본체의 SIM카드 분실에 주의하여 잘 보관해야 한다.

＊ 최근에는 프놈펜시내 전화국에서 1달러에 SIM카드 구입이 가능하며, 여권을 지참해야 한다. 그리고 프놈펜 국제공항에서도 SIM카드 구입이 가능하다.

ATM(CD)기

캄보디아는 관광산업이 발달하면서 공항을 비롯하여 시내 곳곳에 ATM(CD)기를 설치하여 관광객이 현금(달러)을 인출할 수 있도록 서비스를 제공하고 있다. 캄보디아에서 현금을 인출한다면 프놈펜이나 씨엠립의 경우 ATM(CD)기가 많이 설치되어 있어 인출하기가 쉽지만 지방에는 ATM(CD)기가 거의 없어 현금 서비스 받기가 어려워 미리 준비를 해야 한다.

치안

프놈펜 시내에서는 강도나 소매치기에 의한 빈번하게 피해가 발생하고 있다. 특히 도로에서는 오토바이를 이용한 날치기가 성행하기 때문에 피해가 발생하지 않도록 주의해야 한다. 또한 사람이 많이 몰리는 쇼핑센터(특히 이온 몰)에서는 가방 안에 있는 귀중품을 도난당하는 일이 종종 발생하고 있다.

그리고 관광객이 많이 몰리는 씨엠립에는 외국인 관광객 보호를 위해 관광경찰관이 있지만, 도난을 당하면 찾기가 어렵다. 또한 내전 때 도시와 농촌에 매설된 지뢰는 대부분 제거되었지만, 산악지역 일부에는 아직 남아있어 가이드를 동반하지 않은 방문은 피하는 것이 좋다.

[신고번호]
• 경　　찰 : 117
• 소　　방 : 118
• 구급차 : 119

항공사	도시명	출발시간	도착시간	비고
대한항공 (KE689)	인천-프놈펜	18:40	22:10	매일(3월 25일 ~10월 27일)
대한항공 (KE690)	프놈펜-인천	23:20	06:25	매일(3월 25일 ~10월 27일)
아시아나항공 (OZ739)	인천-프놈펜	18:40	22:10	매일(4월 1일 ~10월 27일)
아시아나항공 (OZ740)	프놈펜-인천	23:05	06:05	매일(4월 1일 ~10월 27일)
에어부산 (BX721)	부산-씨엠립	20:00	23:15	월.목(4월 2일 ~10월 25일)
에어부산 (BX722)	씨엠립-부산	00:15	07:00	월.목(4월 3일 ~10월 26일)

주 : 2018년 기준으로 항공사에 따라 변동 있어 확인이 필요함

항공사	도시명	출발시간	도착시간	비고
앙코르에어 (K6 105)	프놈펜-씨엠립	10:05	11:00	매일
앙코르에어 (K6 109)	프놈펜-씨엠립	13:55	14:50	매일
앙코르에어 (K6 7111)	프놈펜-씨엠립	16:05	16:50	화.목
앙코르에어 (K6 7111)	프놈펜-씨엠립	16:10	16:50	금
앙코르에어 (KE6 117)	프놈펜-씨엠립	18:00	18:40	수
앙코르에어 (KE6 117)	프놈펜-씨엠립	18:20	19:00	목
앙코르에어 (KE6 117)	프놈펜-씨엠립	19:45	2:40	월.화.금.토.일
앙코르에어 (K6 7102)	씨엠립-프놈펜	06:50	07:30	토
앙코르에어 (K6 7102)	씨엠립-프놈펜	07:10	07:50	목
앙코르에어 (K6 7102)	씨엠립-프놈펜	07:20	08:00	일
앙코르에어 (K6 7102)	씨엠립-프놈펜	07:20	08:05	수
앙코르에어 (K6 108)	씨엠립-프놈펜	15:25	16:25	매일
앙코르에어 (K6 116)	씨엠립-프놈펜	18:10	19:00	매일
앙코르에어 (K6 118)	씨엠립-프놈펜	21:15	22:00	목
앙코르에어 (K6 118)	씨엠립-프놈펜	21:15	22:05	월.화.금.토.일

주 : 2018년 기준으로 항공사에 따라 변동이 있어 확인이 필요함

비자발급은 주한 캄보디아 대사관과 캄보디아 현지 국제공항에서 발급하는 도착비자가 있는데 일반적으로 관광객은 도착비자를 발급받아 입국하는 경우가 많다. 이 비자는 도착해서 비자를 발급받아야 해서 시간이 많이 걸리므로 공항에 도착하면 여권과 비자발급 신청서를 미리 작성하여 도착과 동시에 비자발급 카운터에 신속하게 제출해야 한다. 프놈펜의 경우 비자발급 카운터는 왼쪽이 접수창구이고, 오른쪽이 비자가 발급된 여권을 수령하는 곳이다. 그리고 비자신청 시 여권은 유효기간이 6개월 이상 남아 있어야 한다.

도착비자 요금은 30달러이고, 비자신청 시에는 필요서류와 최근에 촬영한 '사진 1매(4.5cm × 3.5cm)'가 꼭 필요하다. 일부 인터넷정보에 의하면 급행요금으로 1~2달러를 지불한다고 소개하고 있으나 지금은 영수증도 발급하고 있으므로 허위정보에 속을 필요가 없다.

* 씨엠립공항에서는 급행료를 노골적으로 요구한다.

ព្រះរាជាណាចក្រកម្ពុជា
KINGDOM OF CAMBODIA
ពាក្យសុំនិដ្ឋាការ
APPLICATION FORM
VISA ON ARRIVAL

* PLEASE COMPLETE WITH CAPITAL LETTER

នាមត្រកូល
Surname:.. ☐ ប្រុស **Male**

នាមខ្លួន
Given name:... ☐ ស្រី **Female**

ទីកន្លែងកំណើត
Place of birth:...

ថ្ងៃខែឆ្នាំកំណើត   សញ្ជាតិ
Date of birth:...DD.../..MM.../..YYYY.....**Nationality:**.........................

លិខិតឆ្លងដែនលេខ   មុខរបរ
Passport N° :..............................**Profession:**.............................

លិខិតឆ្លងដែនផ្ដល់នៅថ្ងៃទី   លិខិតឆ្លងដែនផុតកំណត់នៅថ្ងៃទី
Date passport issued:...DD.../...MM.../...YYYY...**Date passport expires:**....DD....MM....YYYY

ចូលតាមច្រក   មកពី   លេខមធ្យោបាយធ្វើដំណើរ
Port of entry: ....   **From:**....................**Flight/Ship/Car N°** :...............

អាសយដ្ឋានអចិន្ត្រៃយ៍
Permanent address:...

.... **E-mail:**.............................

អាសយដ្ឋាននៅកម្ពុជា
Address in Cambodia:...

Details of children under 12 years old included in your passport who are traveling with you

Name:	Date of birth : ...DD.../..MM.../...YYYY	
Name:	Date of birth : ...DD.../..MM.../...YYYY	
Name:	Date of birth : ...DD.../..MM.../...YYYY	

Purpose of visit: .... **Length of stay:** ....

Visa type (Choose one only)

ទិដ្ឋាការទេសចរណ៍/Tourist visa (T) ☐   ទិដ្ឋាការធម្មតា/Ordinary visa   (E) ☐   ទិដ្ឋាការផ្លូវការ/Official visa   (B) ☐

ទិដ្ឋាការពិសេស/Special visa   (K) ☐   ទិដ្ឋាការការទូត/Diplomatic visa (A) ☐   ទិដ្ឋាការពេលើភាព/Courtesy visa (C) ☐

ផ្សេងៗ/Other ....

I declare that the information given on this form is correct to the best of my knowledge and belief.

Date...DD.../.......MM.../..YYYY...

Signature

For official use only

General Department of Immigration
N° 322, Russian Blvd ., Phnom Penh

Website: ~   www.immigration.gov.kh
Email: visa.info@immigration.gov.kh

현지 도착비자 신청의 경우 비자를 받은 후에 출입국카운터에 가서 입국수속을 하면 된다. 입국수속 시에는 지문날인과 얼굴 사진을 찍는다. 상황에 따라 출국 시 지문을 찍는 경우도 있다.

<table>
<tr><td colspan="2">

ARRIVAL CARD B 6778711

PLEASE COMPLETE WITH CAPITAL LETTER

Family name

Given name

Date of birth / / Nationality

Passport N°   Sex M □ / F □

Flight / Vessel / Vehicle N°

From

Visa N°   Place of issue

Purpose of Travel   Length of stay

Address in Cambodia

I declare that the information I have given is true and correct.

For official use only   Signature

ខ្ញុំ / Date

</td><td colspan="2">

DEPARTURE CARD B 6778711

PLEASE COMPLETE WITH CAPITAL LETTER

Family name

Given name

Date of birth / / Nationality

Passport N°   Sex M □ / F □

Flight / Vessel / Vehicle N°

Final Destination

(Cambodian only)

I declare that the information I have given is true and correct.

Signature   / Date

DD / MM / YYYY

For official use only

</td></tr>
</table>

입국하기 위해서는 세관신고 용지를 작성하고, 세관직원에게 신고서를
제출하고 나오면 된다. 여행객 짐은 검사가 까다롭지 않지만 법에 위반
되는 행위는 피하는 것이 좋다. 신고범위는 $10,000 이상의 외화, 화기,
무전기 등이며, 면세범위는 담배 2보루, 술은 2병이다.

GENERAL DEPARTMENT OF CUSTOMS AND EXCISE

លិខិតរាយការណ៍របស់អ្នកដំណើរៈ Passenger's Declaration

នាមត្រកូល Family Name

នាមខ្លួន Given Names

ភេទ Sex — ប្រុស Male — ស្រី Female

ថ្ងៃ ខែ ឆ្នាំកំណើត Date of Birth

លិខិតឆ្លងដែនលេខ Passport No.

សញ្ជាតិ Nationality

មុខរបរ Occupation

យន្តហោះលេខ Flight No.

មកពី / ទៅ From / To

សូមគូសបញ្ជាក់ Please Check

— មានឥវ៉ាន់សំរាយការណ៍ Goods to declare — គ្មានឥវ៉ាន់សំរាយការណ៍ Nothing to declare

បើមានឥវ៉ាន់សូមរាយការណ៍នៅផ្នែកខាងខ្នង
If you have goods to declare please list them on the reverse side.

អ្នកមានពួយប័ណ្ណបរទេស រូបិយវត្ថុ យកតាមខ្លួនលើសពី $10.000U.S. ឬទេ?
You are carrying foreign currency or monetary instruments over $10.000U.S.
or its equivalent. — មាន Yes — គ្មាន No

ខ្ញុំសូមបញ្ជាក់ថា ការរាយការណ៍លើលិខិតនេះពិតជាត្រឹមត្រូវរៀមែន ។
I certify that all statements on this declaration are true and correct.

ហត្ថលេខា   Signature.....................................
កាលបរិច្ឆេទ Date ថ្ងៃ Day ....ខែ Month ....ឆ្នាំ Year..............

បើសិនអ្នកមានចម្ងល់ សូមសាកសួរមន្ត្រីគយ
If you have any question, please ask a customs officer.

공항에서 이동방법

프놈펜 국제공항은 시내에서 가까운 위치에 있지만 최근에는 시내 도로공사와 늘어나는 차량으로 인해 이동하는데 시간이 많이 걸린다. 국제공항 도착 후 시내로 이동할 때, 공항 건물 밖에서 안내를 받아 택시를 이용하면 된다. 출국의 경우에는 1시간 정도 시간적인 여유를 가지고 이동하는 것이 좋고, 택시를 이용한다면 호텔에 부탁하는 것이 좋다. 요금은 편도 15달러 정도면 된다. 씨엠립 국제공항은 프놈펜 시내와 다르게 차량정체가 심하지 않기 때문에 시내중심 호텔에서 택시로 약 30분 정도면 충분하다. 이동수단은 택시나 뚝뚝이가 있다.

씨엠립의 특급호텔에서 숙박하는 경우 호텔에서 픽업서비스를 받는 것도 좋고, 출국할 때도 호텔에 서비스를 의뢰한다. 무료 픽업인 경우에 팁을 주는 것도 예의이다.

그리고 2018년부터 프놈펜역에서 공항까지 일시적으로 무료 열차가 운행하고 있고, 공항버스도 시내 유명호텔까지 운행하고 있다. 2인 이상의 경우 택시를 이용하는 것이 저렴하다.

팁 제도

프랑스 식민지의 영향을 받아 팁 제도가 남아 있지만 부담을 가질 필요는 없다. 팁의 금액은 상황에 따라 다르지만 일반적으로 레스토랑에서는 R2,000~1달러정도, 호텔방 사용이나 포터에게는 1달러 정도, 마사지는 1달러 이상이며, 택시나 뚝뚝이는 고객의 자유이다.

음료수

수돗물은 위생적이지 못하기 때문에 마시지 않는 것이 좋고, 또한 레스토랑에서 제공하는 얼음도 자체 정수한 물로 제빙하기 때문에 주의해야 한다. 따라서 음료수가 저렴하기 때문에 구입하여 마시면 된다.

전압

캄보디아의 전력은 220V/50Hz이므로 우리나라 가전제품을 사용할 수 있다.

인터넷

캄보디아는 인터넷이 아직 크게 발달되지 않았기 때문에 WiFi가 가능한 지역에서만 사용이 가능하며, 호텔에서 사용 할 경우에는 프론트에서 ID번호를 부여받아 사용한다. 또한 시내 커피숍 등에서도 ID번호를 받으면 인터넷 사용이 가능하다. 시내 곳곳에는 인터넷 카페가 있으나 잘 이용하지 않는다.

우체국

[프놈펜]
Corner Street 13&102
전화 : 023-725-400
영업시간 : 07:00~17:00

[씨엠립]
Pocambor Ave.
전화 : 063-963-446
영업시간 : 07:00~17:00

캄보디아 공휴일 (2018년)

1월 1일	설날
1월 7일	학살정권에 대한 승리의 날
1월 31일	Meak Bochea Day
3월 6일	국제 여성의 날
4월 14일~16일	캄보디아 설날
5월 1일	국제 노동절
5월 13일~15일	시하모니 국왕 생일
6월 1일	국제 어린이 날
6월 18일	모니엇 전 왕비 생일
9월 24일	제헌절
10월 8일~11일	캄보디아 추석(프춤번)
10월 15일	시하누크 전 국왕 추모 기념일
10월 23일	파리 평화 조약 기념일
10월 29일	시하모니 국왕 즉위 기념일
11월 9일	독립기념일
11월 21일~24일	물 축제
12월 10일	국제 인권의 날

캄보디아에도 영업용 택시가 있으나 도로에서 택시를 타기가 어려워 호텔에 부탁하거나 앱을 이용하여 호출하는 것이 편리하다. 시내에서의 교통수단은 뚝뚝이나 오토바이를 이용하면 되는데, 이때는 사전에 가격을 협상하고 타야 한다. 가끔 목적지도 모르면서 아는 척하여 탑승시키는 기사도 있어 기사에게 지도를 보여주며 목적지를 확인시킬 필요가 있다. 최근에 시범적으로 프놈펜 시내를 운행하는 버스가 있으나 잘 이용하지 않는다.

캄보디아의 대중교통인 뚝뚝이를 1인이 이용할 경우 비싸게 느껴진다. 가까운 곳으로 이동할 때 오토바이를 이용하면 1달러로 갈 수 있지만 뚝뚝이는 2달러 이상을 지불해야 한다. 캄보디아는 리엘과 달러를 병행해서 사용하는 국가로 우리나라 화폐로 환산하면 2,000원 이상을 지불한 것이 되어 우리나라 지하철 요금보다 비싸다고 볼 수 있다. 2명 이상이 뚝뚝이를 이용한다면 저렴한 요금으로 이용이 가능하다. 뚝뚝이를 장거리나 반일 또는 1일 사용한다면 요금은 기사와 협상하는 것이 좋다.

최근에는 기존의 뚝뚝이와는 다르게 앱(PassApp)을 이용하여 뚝뚝이를 이용할 수 있다. 필요에 따라 앱으로 호출이 가능하고, 요금도 표시가 되기 때문에 요금협상이 필요없다. 하지만 2인용과 4인용이 있으며, 종류에 따라 기본요금이 다르다.

시외버스는 프놈펜, 씨엠립, 시하누크빌, 바탐방, 캄퐁참 등 장거리를 운행하는 버스가 있다. 항공기와 비교하여 상당히 저렴하기 때문에 많은 외국인 관광객이 이용하고 있다. 버스회사 시간은 후면 생활정보를 참고하면 된다.

캄보디아 국도

호 선	거 리	구 간
1호선	167Km	Phnom Penh-Svay Rieng
2호선	121Km	Ta Khmau-Takeo
3호선	202Km	Phnom Penh-Kampot
4호선	214Km	Phnom Penh-Preah Sihanouk
5호선	408Km	Phnom Penh-Battambang-Poipet
6호선	417Km	Phnom Penh-Kompong Thom-Siem Reap-Sisophon
7호선	461Km	Kompong Cham-Stung Treng

정치정세

캄보디아의 정치체제는 입헌군주제로 현 국왕인 노로돔시하모니
(Norodom Sihamoni)는 2004년 10월 29일에 왕위를 계승했으며, 캄
보디아 헌법은 캄보디아가 자유 민주주의 다당제 인민주권을 채택하
도록 규정하고 있다. 따라서 헌법은 입법, 행정, 사법의 3권 분립을
규정하고 있다.

입법기관은 2원제로 하원(National Assembly)과 상원(Senate)으로
구성되어 있다. 2008년 7월 27일 실시된 최근의 국민의회 선거에서는
캄보디아 인민당(CPP : Cambodian People's Party)이 압도적 승리로
90석을 획득하였다.

외교정책

캄보디아는 헌법에 영세중립과 비동맹 입장을 밝히고 있다. 캄보디아
국왕은 주변국과 평화적 공존정책에 따라 타 국가 침략과 내정간섭을
하지 않는 것을 원칙으로 하고 있어 당사자 상호 이익을 존중하고
평화적 해결을 원하고 있다.

캄보디아 이야기

캄보디아 입국

캄보디아에 입국하는데 필요한 비자는 우리나라에 있는 캄보디아 대사관이나 현지 국제공항에 도착하여 신청하는 도착 비자가 있어, 대부분의 여행객들은 현지 국제공항에서 관광 비자를 신청한다. 관광비자로 1개월간 체류할 수 있으며, 비자신청 비용은 30달러이다. 사이트에 소개된 정보에서 급행료를 지불하면 빨리 받을 수 있다고 소개되어 있으나 이런 정보는 옛날이야기라서 믿을 필요가 없다. 최근에는 수령하였다는 영수증까지 발행해 주기 때문에 30달러만 지불하면 되는데 이때 중요한 것은 현지에서 비자를 받을 때 30달러만 지불하여야 한다. 50달러 또는 100달러 화폐를 지불하면 담당자가 모르는 척하고 잔돈을 주지 않는 경우가 있기 때문에 이런 경우 잊어버리고 입국수속을 마친 후 밖으로 나오게 되면 다시 안으로 들어가 잔돈을 받을 수 없으므로 포기해야 한다. 출입국관리 직원이 일부러 잔돈을 안주는 경우가 종종 발생하기도 하여 입국수속 할 때 긴장하지 말고 차분하게 정확한 금액을 지불하도록 한다. 그리고 비자 신청 창구와 비자 받는 창구가 틀리며 대부분 왼쪽 창구에서 신청하여 오른쪽 창구에서 받는다.

Memo

캄보디아
관광 · 비즈니스

Ⅱ. 관광안내

프놈펜(Phnom penh)

프놈펜은 캄보디아의 수도로서 정치, 경제의 중심지이며, 프랑스통치 시대의 건물들이 많이 남아있는 캄보디아 최대의 도시이다. 그리고 프놈펜 중심지에는 메콩강, 바삭강이 흐르고 있고, 메콩강이 톤렙삽호수로 역류하는 관문이기도 하다.

프놈펜은 프랑스에 의해 도시가 개발되어 '동양의 파리'라고 불리고, 상업도시로서 발전해왔으나 내전으로 인해 도시 전체가 초토화되었다. 하지만 지금은 도시 곳곳에 새로운 건물이 들어서고, 외국인 기업들이 투자를 하고 있어 도시 전체가 매년 변모하고 있는 모습을 볼 수 있다. 그러나 도시개발과 차량의 증가로 시내 교통 정체는 나날이 혼잡해지고, 미비한 인프라 정비로 인해 우기 때에는 배수시설이 안되어 시내 전체가 물바다를 이룬다.

왕궁(Royal Palace)

크메르 전통 양식으로 건축된 궁전으로 프놈펜 시내에서 가장 눈에 띄는 건물이다. 1886년 우동에서 프놈펜으로 수도를 옮긴 후 노로돔 왕의 명령에 의해 지어졌으며, 100년이 넘는 오랜 역사를 지니고 있는 궁전으로 크메르 루즈 집권 시에도 캄보디아 문화의 우수성을 자랑하기 위해 파괴하지 않았을 정도로 중요한 문화유산이다. 이 밖에 스리랑카에서 가져온 에메랄드 불상, 사원 안쪽 벽에 그려진 벽화 등이 볼 만하다. 궁전 건물 앞에는 천도 후 왕궁을 건립한 노로돔 왕 기마상이 세워져 있고, 왕궁 내에는 프랑스 식민지 시절에 지은 프랑스식 건물이 있다. 이 건물은 1870년 나폴레옹 3세가 왕실에 기증한 것으로, 프랑스에서 만든 후 배로 운반해 이곳에서 조립했다. 견학복장은 무릎이 보이는 짧은 바지나 어깨가 보이는 상의 또는 모자를 쓰고 출입할 수 없다.

실버파고다(Silver Pagoda)

왕실 남측에 인접해 있으며 노로돔 왕 집권시절에 지어진 사원으로 바닥이 5,000장 이상의 은제 타일로 되어 있어 실버파고다라고 부르고 있다. 관내 불상에는 대량의 보석이 박혀있고 건물 벽에는 벽화가 그려져 있다.

프놈펜 국립박물관(Musée National de Phnom-Penh)

크메르 전통 양식의 붉은색 외관이 무척 아름답고, 규모가 큰 편은 아니지만 캄보디아 전역에서 출토한 크메르 유적을 비롯해 푸난과 첸라 왕조의 유적 등 5,000여 점에 달하는 유물이 전시되어 있다. 초기 앙코르시대의 조각품은 물론 앙코르 톰과 바이욘에서 가져온 조각상이 보관되어 있고, 5달러의 입장료를 받는다.

프놈펜 독립기념탑(Independence Monument)

독립기념탑은 수도의 중심부인 시하 누크 거리와 노로돔 거리가 교차하는 장소에 있다. 프랑스로부터 독립(1953 년 11월 9일)을 기념하기 위해 1955년 에 지어졌고, 앙코르 와트의 중앙탑을 본떠 축조한 것이 특징이며, 저녁에는 조명을 밝혀 더욱 운치 있는 모습을 보여주고 있다. 매년 독립기념일인 11월 9일 정부의 관계자가 이곳에 모여 다양한 행사를 치른다. 앙코르 와트의 첨탑을 닮은 탑은 캄보디아 화폐의 도안으로 사용되고 있으며, 이는 평화를 사랑한다는 캄보디아의 심벌로 여겨지고 있다. 주변에는 잔디밭이 깔린 공원으로 조성되어 있어 현지인의 휴식처로 이용되고 있다.

왓 프놈 사원(Wat Phnom Temple)

프놈펜에서 가장 오래된 사원으로 언 덕 위에 있으며, 프놈펜 이름의 유래가 된 '펜부인'이 1372년 건립한 것으로 알려져 있다. 사원 내부에는 작은 불 상이 곳곳에 있으며, 현지인이 기도하 는 모습을 쉽게 볼 수 있는 곳이다. 본당 뒤에는 거대한 불탑이 솟아 있으며, 이를 중심으로 7개의 작은 탑이 둘러싸고 있고, 본당 앞마당 에는 커다란 꽃시계가 조성되어 있다. 사원 주변은 공원처럼 잘 꾸며 져 있어 잠시 쉬었다 가기에 좋은 곳이다. 그리고 외국인은 입장료를 1달러 지급해야 입장이 가능하다.

뚜얼슬랭 대학살 박물관(Toul Sleng Genocide Museum)

일반적으로 S21로 불리며, 프놈펜시 내에서 캄보디아의 가슴 아픈 역사를 볼 수 있는 곳으로 대표적인 볼거리로 꼽히고 있다. 본래 고등학교였으나 크 메르 루즈가 집권하면서 폴 포트의 지 시로 보안대 본부로 사용되었고, 크메르 루즈 통치기간 지식인, 기술 자, 농민 등 2만명이 여기에 수용되어 조사를 받거나 고문 받은 곳이 다. 이곳은 모두 4개 동으로 되어 있으며 건물 내부에는 희생당한 사람들의 사진과 각종 감옥, 고문기구가 전시되어 있고, 1층에서는 무료로 다큐멘터리 영화를 상영하고 있어 이해하는데 도움을 주고 있다. 매년 입장료는 오르고 있으며, 외국인 관광객을 위해 다국어로 된 유료 오디오를 대여하고 있다.

청아 익 학살센터(Choeung EK Killing Field)

일명 킬링필드(Killing Field)라고도 불 리는 곳으로 프놈펜 시내에서 남서쪽 으로 약 15km 떨어져 있다. 1975년에 서 1979년 사이 민주 캄푸차 정권 시기 에 폴 포트가 이끄는 크메르 루즈라는 무장단체가 뚜얼슬랭 형무소에서 약 17,000명을 이곳으로 끌고 와서 처형시킨 곳이다. 희생자의 시체는 웅덩이에 묻었으며, 웅덩이는 129 개나 된다. 이들을 위해 1988년에 위령탑이 세워졌고, 현재 위령탑 안에는 8,985명의 희생자 유골이 안치되어 있다. 크메르 루즈는 3년

7개월간 캄보디아 전체 인구인 약 800만명중 1/4에 해당하는 200만명에 가까운 국민들을 학살했다. 이곳은 정해진 장소에 번호 표시가 있어 유료로 대여하는 한국어 지원 오디오를 이용하면 보다 편리하게 이해하며 장내를 둘러볼 수 있다. 입장료는 3달러이고, 오디오 사용료는 별도로 3달러를 지불해야 한다.

캄보디아-한국협력센터(CKCC)

프놈펜 왕립대학교 안에 있는 캄보디아-한국협력센터(CKCC)는 시내에서 캄코시티로 가는 곳에 있으며, 우리나라 정부(KOICA)의 원조로 만들어진 한국어 교육센터로 한국어를 배우고자 하는 학생들이 많이 이용하고 있다.

បណ្ឌមណ្ឌលសហប្រតិបត្តិការកម្ពុជា ~ កូរ៉េ

Cambodia-Korea Cooperation Center

CKCC FACILITIES & EQUIPMENT RENTAL SERVICES GUIDELINE

Cambodia-Korea Cooperation Center (CKCC) also offers the fully-equipped facilities rental services for performances, conferences, seminars, trainings, meetings and other events.

Tara Tonle Sap Boat

나이트마켓 부근의 선착장에서 메콩 강을 유람하는 코스로 하루 또는 반나절에 걸쳐 즐길 수 있다. 강 건너에 있는 수상가옥 생활을 볼 수도 있고, 저녁 시간에는 일몰 구경도 가능한 다양한 코스가 있다.

❚ Tara Tonle Sap Boat Tour Information ❚

	Time	Price
Half Day Tour	8am~12pm or 10am~2pm	$27 Per person
Sunset Special	3:30pm~7:30pm	$33 Per person
Kompong Phluk & The Flooded Forest	8am~4pm	$60 Per person
Prek Toal, Tonle Sap Biosphere Reserve	6am~3pm	$125 Per person

다이아몬드 섬(Diamond Island)

프놈펜 동쪽에 위치한 신흥개발 지역으로서 고층 아파트와 상업빌딩 공사가 한창이다. 이곳은 미래의 도시로 주목받고 있으며, 저녁에는 젊은 사람들이 모여서 즐거운 시간을 보내는 장소이다. 지금은 중국자본의 투자로 고층빌딩 건설이 한창이다.

캄코 시티(Kamco City)

프놈펜 시내 중심가에서 북서쪽에 위치한 신도시로서 우리나라 건설회사가 개발한 아파트단지이다. 하지만 개발회사의 도산으로 인하여 공사가 중지된 건물이 많이 남아 있고, 미분양 아파트가 많다. 이곳에는 많은 우리나라 교민이 거주하며, 주변에는 우리나라 사람이 경영하는 식당과 상품을 판매하는 슈퍼 등이 있다. 최근 이곳은 신흥주택들이 많이 들어서고 있으며, 이온 몰 2가 개점하여 영업을 하고 있고, 상점들도 계속 증가하고 있다.

펍 스트릿(Pub Street)

리버사이드 St.104, 130, 136 구역에 나이트, 펍, 가라오케, 클럽 등이 밀집되어 있어 밤을 즐기는 외국인 관광객이 많이 몰리는 곳이다.

영화관(Cinema)

현재 프놈펜에는 'legend cinema, platinum cinema plex, meta house, 이온 몰 영화관' 등이 있으며, 헐리우드 영화와 우리나라 영화도 상영하고 있다.

센트럴 마켓(Central Market)

1937년에 건설된 센트럴 마켓은 프놈펜을 대표하는 거대한 재래시장으로 돔 모양의 건물로 시장이 형성되어 있어 식료품 외에도 액세서리, 책, 의류, 과일, 골동품, 생선 등 다양한 물건을 판매한다. 현지인들의 활기찬 일상을 엿볼 수 있다.

러시안 마켓(Russian Market)

캄보디아의 수도 프놈펜에 위치한 러시안 마켓은 현지인들 사이에는 프사 뚤똠뽕(Phsar Tuol Tum Poong)이라고 불리는데 프사(Phsar)는 크메르어(캄보디아어)로 시장이란 뜻으로 즉, 뚤똠뽕시장을 의미한다. 또한 러시안 마켓이라고 불리는 이유는 1980년대에 프놈펜에 러시아인들이 많이 이 시장을 이용했기 때문이다. 현재 프놈펜의 대표적인 시장이자 관광지로 애용되고 있으며, 골동품, 공예품, 의류, 식료품, 공구류 등을 팔며 사각형의 구조로 되어 있어 구경하는데 시간은 많이 걸리지 않는다. 하지만 외국인들에게 비싼 가격을 요구하기 때문에 절충하여 가격할인을 요구해야 한다. 특히 이곳은 불량제품이 많아 구입 시 확인이 필요하다.

올드 마켓(Old Market)

나이트 마켓 근처에 있는 올드 마켓은 액세서리, 책, 의류, 과일, 골동품, 생선 등 다양한 물건을 판매하는 전통적인 시장이다. 주로 고객은 캄보디아인으로 생선식품, 일반 가정용품을 판매하고 있어 옛 모습의 캄보디아 시장을 볼 수 있는 곳이다.

나이트 마켓(Night Market)

매주 주말 저녁에 톤렙샵 강가에서 펼쳐지는 나이트 마켓은 식음료, 수공예품, 의류 등을 판매하고 있으며, 음악 공연으로 현지인 및 외국인 관광객들이 축제 분위기를 연상하게 한다. 금요일에서 일요일까지 16시부터 24시까지 영업한다.

담코시장(Damco Market)

모택동 거리와 모니레스 거리가 교차하는 인터콘티네탈 호텔 근처에 있으며, 프놈펜 최대의 야채시장으로 전국에서 생산한 야채가 모여드는 곳이다. 프놈펜 시내의 대형도매시장으로 야채와 과일이 매우 저렴하고, 시장의 분위기는 새벽부터 늦은 밤까지 활기를 띠고 있으며, 육류와 생선 등도 취급하고 있다.

뚤꼭 마켓(Toul Kork Market)

시내의 동북쪽에 위치한 재래시장으로서 한인들이 많이 거주하고 있는 캄코시티와 가장 가까운 시장이다.

올림픽 마켓(Olympic Market)

현지 업자를 대상으로 하는 도매시장으로 3층의 대형마켓으로 구성되어 있고, 올림픽 스타디움 근처에 있다. 근대적인 건물 내부의 1층에는 잡화와 식료품, 2층에는 의류, 보석, 귀금속 등을 판매하고 있으며, 소량판매도 가능하고 영업시간은 아침부터 오후 5시 30분 정도이다.

올셋 마켓(Phsar O Russei)

현지업자를 대상으로 하는 도매시장으로 귀금속, 의류, 신발, 일반 가전제품 등을 판매하고 소량판매도 가능하다.

칸달 마켓(Kandal Market)

프놈펜 시내의 동쪽 리버사이드 부근에 위치하고 시장의 규모는 크지 않으며 현지인이 많이 이용하고 있다.

소리야 백화점(Sorya Shopping Center)

센트럴 마켓 옆에 있는 쇼핑센터로서
전문점과 푸드코트가 입점해 있다. 최
상층 전망대에서는 프놈펜 시내를 한
눈에 바라볼 수 있다.

이온 몰(Aeon Mall)

2014년 6월에 오픈한 일본계 캄보디
아 최대의 쇼핑몰로 러시아 대사관 부
근에 있으며, 쇼핑몰 내부에는 게임시
설, 의류전문점, 식당 등이 있으며 생
활필수품 구입이 가능하다. 이곳에는

우리나라 음식점을 비롯하여 다양한 음식점이 입점하고 있으며 외부
에 롯데리아도 있다. 교통정체가 심해 시간적인 여유를 가지고 둘러
보는 것이 좋고, 특히 휴일에는 많은 사람들이 몰려 도난사고가 자주
발생하므로 소지품 관리에 주의를 기울여야 한다. 최근에는 캄코시티
에 2호점을 개점하여 영업을 하고 있다.

시티 몰(City Mall)

올림픽 스타디움 부근에 있는 쇼핑센터로서 3층에 게임랜드가 있고 가족 단위 고객들이 주를 이룬다.

럭키 슈퍼(Lucky Supermarket)

캄보디아에서 유명한 전국 체인 슈퍼마켓으로 프놈펜을 비롯하여 전국 각 지역의 중심에 매장을 두고 있으며, 식품, 공산품, 의류 등을 판매하고 있어 필요한 생활필수품은 거의 다 구입할 수 있다.

캄보디아 이야기

결혼식

캄보디아는 건기기간이 결혼시즌이다. 결혼식을 앞둔 신랑신부는 주위의 각 가정을 돌아다니며 초대장을 돌리는 습관이 있다. 결혼식은 오전에 전통적인 의식을 거행하고, 오후에는 피로연을 하는 것이 일반적이다. 신랑과 친한 사이라면 결혼행렬에 참가하는 것이 좋다.

결혼식에는 많은 하객들을 초대하지만 친한 사이라면 피로연에만 참가해도 된다. 피로연은 지정석이 없이 도착순으로 테이블에 앉는다. 테이블에 사람들이 전부 모이면 음식이 제공된다. 여성하객복장은 전통의상이나 드레스를 입고, 남자는 넥타이에 양복을 안 입어도 된다. 결혼식 축의금은 친구사이에는 $15-$25, 상사가 부하에게는 표준보다 약간 더 준다. 참가하지 못 할 경우에는 $20정도 지인을 통해 전한다.

씨엠립(Siem reap)

캄보디아 북서쪽에 위치한 씨엠립은 전 세계적으로 유명한 앙코르 와트 사원이 있다. 세계 7대 불가사의 중 하나이자 유네스코에 등재된 앙코르 사원 유적 외에도 톤렙샵 호수 위에 떠 있는 수상마을부터 꿀렌 산(Kulen Mountain) 문화 유적지, 최근에 발견된 꼬 께르(Kou ker)유적에 이르기까지 씨엠립은 많은 볼거리를 제공하고 있는 도시이다.

앙코르 와트 입장권

앙코르 와트 입장권은 입구에서 판매하는데 입장권을 구입할 때 개인별로 얼굴을 촬영하여 입장권에 본인의 사진을 넣어주며, 당일권은 1인당 37달러이고, 3일권은 62달러이다. 입장권을 분실 하게 되면 새로 구입해야 하므로 잘 보관해야 한다.
앙코르 와트는 너무 넓어 하루에 전체를 돌아보기가 어려워 이동할 때 보통 개인 관광객은 뚝뚝이를 이용하고, 단체인 경우에는 뚝뚝이나 미니버스를 이용한다.

세계 문화유산 앙코르 와트(Ankhor Wat)

앙코르는 크메르어로 '도시', 와트는 태국어로 '사원'을 뜻하며 두 의미를 합치면 도시사원이 된다. 이 유적은 프랑스의 고고학자 앙리 무와(1826~1861)에 의해 발견되었으며, 12세기 초 수르야바르만 2세(King Suryavarman II)를 기리기 위해 건축된 앙코르 와트는 천상의 세계를 재현하기 위한 힌두사원으로 긴 역사 속에서도 잘 보존되어 종교유적으로 그 가치가 매우 높다. 고전적인 크메르 건축의 결정체인 이 웅장한 사원은 크메르 사원 건축에 있어서 대표적인 두 양식이 결합되어 중앙신전(temple mountain)과 초기 남인도 힌두 건축양식을 본떠 만든 회랑이 있다. 해자와 3.6㎞에 이르는 외벽을 두르고 세워진 세 개의 긴 직사각형 모양의 회랑은 한 층씩 올라갈수록 더 높아져, 힌두교 신화 속에 나오는 와신(Deva)이 산다는 메루(Meru)산을 형상화하고 있다. 사원 중심에는 5개의 첨탑이 배열되어 있다. 다른 앙코르 시대 사원과 달리 앙코르 와트 사원은 서쪽을 향하고 있어, 그 의미에 관한 의견이 분분하다.

사원은 특히 그 웅장함과 조화로움으로 감탄을 자아내는데, 사원 벽면에 광범위하게 새겨진 부조와 무수한 수호신들은 크메르인들의 강한 종교적 믿음을 잘 보여주고 있다. 나무가 울창한 앙코르 와트 안에는 지뢰로 인해 팔다리가 잘려나간 현지인들이 악기를 다루며 구걸을 하는 모습을 볼 수가 있다.

앙코르 와트 사원(Ankhor Wat Temple)

앙코르의 다른 사원과 다르게 앙코르 와트 사원만이 서쪽 방향으로 만들어 졌는데, 그 중요성에 대해서는 학자마다 견해가 다르고, 대규모 조각과 다수의 수호신 벽화는 크메르제국 시대의 강한 종교심을 나타내고 있다.

앙코르 와트의 회랑과 부조

앙코르 와트의 회랑(사원이나 궁전건축에서 주요 부분을 둘러싼 지붕이 있는 긴 복도)은 중앙의 탑을 기준으로 세 겹으로 둘러싸여 있으며, 세 개의 회랑 가운데 가장 뛰어난 시각성과 회화성을 볼 수 있는 곳은 가장 바깥쪽 회랑이다.

사원의 설계자들인 사제들이 앙코르 와트를 지은 수르야바르만 2세의 영광을 시각적으로 전달하는 장소로서 회랑을 활용했다. 회랑 부조의 의도는 힌두교의 최고 신인 비슈누 신과 수르야바르만 왕을 동일시하는 느낌을 주는 것인데 마치 이야기가 전개되게 표현을 하려고 왕의 행렬, 우유 바다 젓기, 라마 왕자의 라바나 전투 등 주제가 시작되는 것부터 절정에 도달할 때까지 감상할 수 있다.

회랑의 남쪽 벽에 군사들의 행렬이 시작되고 행렬 가운데 왕이 코끼리 등에 올라탄 모습, 행군이 시작되기에 앞서 왕이 대신들로부터 충성의 서약을 받는 행사 등과 같은 주제는 예전의 캄보디아 건축에서 없던 소재들이다. 신을 조각해 놓던 관습에 왕과 그의 신하들을 조각해 넣는 일은 캄보디아 건축사상 처음인 일이었고, 그 후에 세워진 바이욘 사원에 왕을 비롯한 귀족과 서민들의 모습을 새겨 넣는 계기가 되기도 했다.

회랑 벽면마다 빈틈을 찾을 수 없을 정도로 섬세하고 다양한 주제들이 부조되어 있으나 그 가운데서도 부조가 의도하는 몇 가지 특징을 살펴보면, 첫 번째는 방향이다. 쿠루 평야의 전투 장면은 서쪽에서 동쪽 축을 향해 부조되어 있는데 이것은 인간과 신의 영역을 구분하는 동시에 신과 왕이 동일하다는 것을 암시한다.

두 번째는 규모와 위치이다. 부조의 크기가 클수록 그 인물의 비중이 그만큼 크고 많은 권력을 가지고 있었음을 나타낸다. 수많은 신과 악마, 병사 등이 출현하는 혼란스러운 전투장면을 묘사할 때에도 비슈누 신, 수르야바르만 왕, 장군 등 중요한 인물은 그 장면의 중심에 크게 위치한다.

세 번째는 특정 숫자에 대한 상징인데 하나의 주제가 한 면에 부조되면 다른 면에는 그에 상응하는 주제가 부조되어 있다. 예를 들어 남쪽에 수르야바르만 왕의 대신이 열아홉 명 부조되어 있으면 그 맞은편 북쪽에는 신들의 왕 비슈누 신과 열아홉의 신이 부조되어 있다. 여기에는 최고 신인 비슈누 신과 수르야바르만 왕을 동일시하는 의도를 포함하고 있다.

앙코르 톰 사원(Angkor Thom Temple)

앙코르 톰 사원(Angkor Thom Temple)은 매우 유명한 관광 명소로 자야바르만 7세(King Jayarvarman Ⅶ) 시대의 기념물들이 보존되어 있다. 요새화되어 있는 앙코르 톰 도시는 그 면적이 9평방km에 달하는데, 크메르제국 시대의 가장 오래 유지되었던 최후의 수도로, 앙코르 시대 가장 위대한 왕인 자야바르만 7세(1181~1201)의 업적이다. 바이욘 사원을 중심으로 하는 앙코르 톰은 높이 8m 길이 12km의 네 벽과 100m 넓이의 해자로 둘러싸여 있고, 도시에는 다섯 개의 성문이 있는데, 북, 서, 남쪽에 하나씩, 동쪽 벽에 두 개가 있다. 각 정문 앞에는 54기의 데와신상(길 왼쪽)과 54기의 악신신상(길 오른쪽)이 세워져 있는데, 이는 유명한 앙코르 와트의 부조에 묘사된 '유액의 바다 휘젓기'신화에서 따온 것이다.

외벽으로 둘러싸인 중심부는 도시에서 가장 중요한 기념물들이 있는 곳으로, 바이욘, 바푸온, 왕궁, 피미나까스, 코끼리 테라스 등이 있다.

바이욘 사원(Bayon Temple)

앙코르 톰은 높이가 약 8m의 성벽으로 둘러싸여있고, 주위 약 12km의 성벽 내에는 십자의 주요 도로가 배치되어 있으며, 그 중앙에 바이욘 사원이 있다. 바이욘 사원은 앙코르 톰을 대표하는 사원으로 자야바르만 7세(Jayavarman Ⅶ)가 12세기 말에 앙

코르 톰 중심에 불교사원으로 건립하였다고 한다.

당시 왕이었던 자야바르만 7세는 최초로 대승불교를 들여왔고, 스스로를 중생을 구제하는 로케쉬바라(관세음보살)로 믿고, 대승불교를 장려하기 위하여 갖가지 사원과 빈민구제시설 등을 많이 지었다고 전한다. 역사적으로 본다면 자야바르만 7세는 정통 후계자가 아닌 방계였는데, 이런 그가 정치적으로 기존의 계급제도를 인정하는 힌두교보다는 백성들을 대상으로 직접 정치를 하는 과정에서 대승불교를 들여와 스스로를 관세음보살로 자칭하면서, 대승불교를 권장하는 동시에 많은 빈민구제 시설을 건설하지 않았을까 추측해 볼 수 있다. 그는 바이욘 사원, 앙코르 톰, 프레아칸, 닉뽀안, 타 프롬 등 많은 사원을 모두 세웠다. 또한 1200년대 초 앙코르 왕국을 괴롭혔던 베트남의 참파국을 복속시켰고, 태국 북부 지역도 다스렸으며 라오스의 브얀트얀 부근에서도 그의 비문이 발견될 정도로 세력을 확장했다. 정확한 국경선은 밝혀지지 않았지만 상당히 넓은 지역을 통치했으며, 그것을 가능케 한 것이 끝없이 뻗어 나간 도로였다.

자야바르만 7세는 탁월한 군사력, 정치력, 그리고 자신을 관세음보살과 일치시키며 신격화시킬 정도로 능력 있는 왕이었으며 앙코르 왕국을 번영시킨 위대한 지도자였으나, 그가 죽고 나자 이런 그의 치세도 약해지고, 종교는 다시 힌두교로 바뀌며, 국력은 급격하게 쇠퇴하게 되었다. 급기야 15세기 중엽에는 지금의 꼼뽕 츠낭으로 도읍을 옮기면서 앙코르 제국의 영화는 막을 내리게 된다.

타 프롬 사원(Ta Prohm Temple)

타 프롬 사원은 앙코르 톰의 동쪽, 동 바라이와 반띠 크다이 사이에 있으며, 비교적 큰 사원이었다고 하는데 지금 은 정글 안에 들어온 느낌이 들 만큼 나무가 울창한 곳에 있다. 바이욘 양 식의 사원인 타 프롬은 영화 툼 레이더 촬영지로 관광객들에게 잘 알려져 있다. 자야바르만 7세가 대승불교 사원 및 대학으로 사용하기 위해 건축된 타 프롬은 다른 대부분의 앙코르 사원과 달리 건축 시기 의 상태 그대로 보존되어 유적 사이로 뻗어 자라는 나무와 주변의 정글이 어우러진 신비롭고 아름다운 풍경으로 관광객이 가장 즐겨 찾는 사원 중 하나이다. 왕궁(Rajavihara)은 잘 알려진 바와 같이 1811 년 왕의 즉위 이후 대대적인 공공사업의 일환으로 건축되었는데, 왕 의 가족을 기리기 위한 것이었다. 사원의 대표적인 이미지인 지혜의 화신 반야바라밀다 보살은 왕의 모친에게, 세 번째 담의 북쪽과 남쪽 의 부속 사원은 각각 왕의 스승과 형에게 헌정되었다.

바콘 사원(Bakong Temple)

인드라바르만 1세가 힌두교의 신에게 봉헌하기 위해 881년에 건축하였다. 최초의 피라미드식 사원으로 중앙사당 을 중심으로 동서로 탑문을 배치하고, 연결되도록 벽으로 둘러싸여 있다.

프레아비히아 사원(Prear Vihear Temple)

프레아비히아 사원은 6세기 크메르제
국 시대의 사원 중에서 가장 장대한
사원으로 거대한 캄보디아의 대지에
다수의 사원 성역을 돌로 만들어 연결
하였다.

코끼리 테라스(Elephant Terrace)

앙코르제국의 왕 자야바르만 7세(Jaya
varman VII)가 전쟁에서 승리하고 돌
아오는 군대를 맞이하던 곳으로, 피미
아나카스 궁전과 이어져 있다. 바푸욘
입구에서 라이왕의 테라스에 이르기

전까지 350m의 길이로 길게 늘어선 벽면에 코끼리 모양의 부조가
연달아 새겨져 있어 이런 이름이 붙여졌다. 계단의 한쪽에는 머리가
3개인 코끼리 신 에라완이 긴 코로 연꽃을 들어 올리는 모습이 조각되
어 있다. 이 테라스 부근에 승리의 문이 있으며, 전쟁에서 이긴 군대가
이 곳을 통해 들어와 왕에게 보고하는 장소였다고 한다.

반테아이 스레이(Banteay Srei)

캄보디아에 있는 앙코르 와트 유적의 일부로 힌두교 사원 유적이다. 앙코르 와트의 북동부에 위치하고 있으며, 반테아이는 보루이고, 슬레이는 여자로 '여자의 보루'를 의미한다. 대부분이 붉은 사암으로 건조되고 있고, 규모는 작지만 정교하고 아름다운 조각에 대한 예술의 극치를 느낄 수 있다. 이런 점에서 관광객들에게는 큰 인기가 있어 '앙코르 미술의 보물' 이라는 호평을 받고 있다. 안에 조각된 데바타의 조각상은 '동양의 모나리자' 라고 불린다.

톤렙샵 호수(Tonle Sap Lake)

세계에서 2번째로 큰 호수이자 동남아시아에서 제일 큰 톤렙샵 호수는 전 국토의 15%를 차지한다. 6000년 전 지각변동으로 형성된 제주도 크기의 3배(길이 160Km, 너비 36Km)인 거대한 톤렙샵 호수는 우기에 메콩강이 범람하여 물길이 호수로 들어오면서 호수의 면적이 4~7배로 늘어나기도 하며, 수상가옥이나 학교, 여러 시설들이 호수 여러 곳에 분산되어 있지만 건기 때에는 수량이 부족하여 수상가옥이나 학교 등은 물이 있는 곳으로 이동을 하게 된다. 호수 위에는 완전한 지역사회가 이루어져 집뿐만 아니라 학교, 경찰서, 소방서, 교회, 식당까지 있다. 이 자급자족하는 사회는 캄보디아의 수상 마을로 알려져, 톤렙샵 호수 위의 신비하고 흥미로운 현지인을 만나보고 이야기를 나누고자 하는 관광객들이 몰려들고 있다.

맹그로브투어

톤렙샵 호수에서 맹그로브투어를 즐
길 수 있다. 씨엠립 시내에서 맹그로
브투어를 즐길 수 있는 곳까지는 멀기
때문에 뚝뚝이로 이동하는 것보다 자
동차로 이동을 해야 한다. 여행사에
따라 요금이 다르겠지만 20달러정도면 톤렙샵 호수 관광과 맹그로브
투어를 즐길 수 있다.
작은 배 1척에 2명이 탈수 있으며, 투어를 마치면 1달러 또는 2달러
팁을 주는 것이 기본이다.

앙코르 국립박물관(Ankhor National Museum)

앙코르 국립박물관은 캄보디아에서
가장 훌륭한 박물관으로 손꼽히는데
다양한 앙코르 사원 유적에서 가져온
불교 및 힌두교 조각상 수천여 점을
소장하고 있기 때문이다. 앙코르 사원
발견 이후, 수많은 유물이 도굴되어 전 세계의 개인 수집가와 박물관,
경매소로 팔려 나가기도 했으나 캄보디아 왕실 정부는 오랜 세월
동안 전 세계 정부와의 협력 아래 이러한 유물의 반환 노력을 벌여왔
고, 그 결과 수많은 유물들이 캄보디아로 되돌아올 수 있었다.
현대적인 건물에서 관광객들은 크메르 왕국의 황금기 유물들을 관람
하고, 최첨단 멀티미디어 기술을 통해 흥미진진한 전설들을 접할 수
있다.

민속마을(Folklore Village)

캄보디아 민속마을은 관광객들에게 캄보디아인들의 생활 방식과 문화, 전통과 풍습 등에 대해 체계적으로 소개하기 위해 만들어졌다. 11개의 마을과 구역으로 이루어져, 저마다 다양한 소수 민족들의 독특한 생활방식을 보여주고 있다. 이곳에는 역사적 건물과 암벽조각, 목재 건축물과 다양한 예술품, 공예품 등의 미니어처가 마련되어 있으며 전통공연도 펼쳐진다. 소수민족의 전통 춤, 전통 결혼식, 서커스 공연, 무술, 코끼리 쇼, 크메르 복싱, 유명한 압사라 춤 등 다양한 볼거리가 방문객을 기다리고 있다.

지뢰 박물관(Cambodia Landmine Museum)

캄보디아는 아직 지뢰가 많이 매설되어 있는 국가이다. 지뢰박물관은 지금까지 발견된 지뢰를 한 곳에 모아 전시하는 곳으로 시내에서 씨엠립 국제공항으로 가는 6번국도 오른쪽에 위치하고 있다.

올드 마켓(Old Market)

올드 마켓은 씨엠립 시내를 흐르는 씨엠립 강 옆에 있는 재래시장으로써 낮에는 재래시장으로 이용되고, 저녁부터는 나이트 마켓으로 바뀐다. 주변에 펍 스트리트가 있어 현지인보다도 외국인 관광객이 많이 모이는 곳으로 마켓이라고 하지만 생선이나 채소 등을 파는 곳이 아니라 주로 선물용품을 많이 취급하고 있다.

SMILE OF ANGKOR

캄보디아의 전통적인 쇼를 볼 수 있는 곳으로 매일 저녁 화려한 무대가 펼쳐지고 있으며, 좌석의 위치에 따라 요금이 다르다. 공연시간은 오후 7시 15분에서 8시 25분으로 70분간 감동적인 시간을 보낼 수 있는 곳이다.

THE CAMBODIA CIRCUS

캄보디아에서 유일하게 서커스를 하는 곳으로 원형모양의 무대에서 연기자들이 화려한 기교를 보여주고 있다. 밤 무대를 뜨겁게 달아오르게 하는 불을 이용한 쇼는 보는 이들에게 뜨거움보다 시원함을 느끼게 한다. 쇼는 하루에 한 번만 있으며, 매일 오후 7시 30분부터 시작한다.

ROSANA

씨엠립 시내에서 프놈펜방향 6번 도로에 위치한 ROSANA는 캄보디아에서 유일하게 게이쇼를 볼 수 있는 곳으로 최근에 생겼다. 여성보다 더 아름다운 게이들이 우리나라를 비롯한 여러 국가의 전통적인 복장을 하고, 하루 2회 오후 5시 45분과 7시 30분에 아름다운 쇼를 보여준다. 개인이나 단체식사를 할 수 있는 장소도 마련되어 있어 사전에 확인이 필요하다.

KUN KHMER & BOKATOR SHOW

크메르의 전통적인 격투기를 볼 수 있는
곳으로 박력감이 있는 시합이 펼쳐진
다. 공연시간은 요일에 따라 달라 월요
일은 오후 7시 45분에 시작하고, 화요일
에서 일요일은 오후 7시에 시작한다.

나이트 마켓(Night Market)

씨엠립 나이트 마켓은 캄보디아의 앙
코르 와트가 위치한 크메르 왕조의 웅
대함을 느낄 수 있는 곳이다. 저녁에
만 문을 여는 나이트 마켓은 우리나라
의 야시장과 같은 곳으로 밤이 되면
전 세계의 관광객들이 몰려 전통 공예품과 의류 등 쇼핑을 하고, 하루
동안 쌓인 피로를 발 마사지로 풀 수 있는 곳이다.

아트센터 마켓(Art Center Market)

올드 마켓 건너편 작은 개천을 건너면
캄보디아의 전통적인 소품을 판매하
는 아트센터 마켓이 있다. 발 마사지
숍들이 들어서 있고 밤이 되면 다리와
건물에 조명을 밝혀 아름다운 조명을
배경으로 많은 관광객들이 사진을 찍는 장소로 유명하다.

펍 스트리트(Pub Street)

펍 스트리트 그 말 그대로 펍 가게들이 즐비한 곳으로 술만 파는 것이 아니라 커피숍과 레스토랑 모두 다 모여 있는 곳이다. 골목마다 펍과 식당들이 줄지어 있으며, 하루 종일 앙코르 와트를 구경하고 지친 마음을 달래주는 곳으로 시내 중앙에 위치하고 있다. 이곳에서 가장 유명한 곳은 툼 레이더를 촬영한 '안젤리나 졸리'가 이용하여 유명해진 '레드피아노'이다.

레드피아노(The Red Piano)

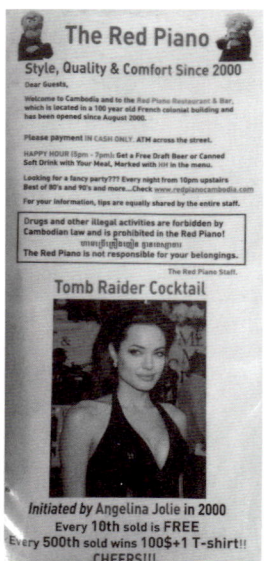

펍 스트리트 입구 쪽에 있는 레드피아노는 '안젤리나 졸리'가 툼 레이더 영화를 찍을 당시에 자주 들렀던 레스토랑으로 그녀가 자주 들러서 즐겼던 만큼 식당 위치와 전망이 좋으며, 맛도 좋은 레스토랑이다. 메뉴의 첫 페이지를 펼치면 '안젤리나 졸리' 사진이 나온다.

블루 펌킨(Blue Pumpkin)

블루 펌킨은 펍 스트리트 끝부분으로
나오는 곳에 위치하고 있으며, 우리나
라 카페처럼 커피, 음료수, 아이스크
림, 빵, 식사 등을 파는 곳이다. 많은
관광객들이 이용하는 곳으로 1층에는

커피를 마실 수 있는 공간이 있으며 2층은 화이트 쇼파로 되어있어
편안하게 쉬면서 식사를 즐길 수 있다.

캄보디아 유일의 해변 리조트가 있는 시하누크빌은 프놈펜에서 남서쪽으로 약 230km 떨어져 있는 태국만에 접하고 있는 해안도시이다. 투명도 높은 바다와 수 킬로미터에 걸쳐 펼쳐진 흰 모래의 해변이 아름다움을 더해주고 있다. 그리고 이 해역은 어족자원이 풍부하여 어업의 도시로서도 유명하다.

시하누크빌은 캄보디아에서 바닷가를 연상하게 하는 유명한 관광도시로 최근에 호텔과 리조트개발이 활발하게 이루어지고 있다. 해변에 펼쳐져 있는 인근 섬을 오가는 선박 편수도 매년 증가하고 있어 쉽게 섬에서 휴식을 취할 수 있다.

시하누크빌에 가는 방법으로는 국내선 항공으로 씨엠립에서 캄보디아 앙코르항공이 일주일에 3편 운항하고 있고 소요시간은 1시간이다. 프놈펜에서는 항공기가 없기 때문에 버스를 이용해야 하며, 버스는 프놈펜에서 출발하는 SORYA 168 버스 등 여러 회사가 있다. 상세정보는 후면 장거리버스 시간표를 참고하면 된다.

빅토리 해변(Victory Beach)

파도가 출렁이는 바닷가의 호텔에는 카
지노와 레스토랑이 들어서 있으며, 경제
특구와 가장 가까운 바닷가로 주변에는
게스트하우스, 언덕에는 기상대가 설치
되어 있다. 최근에는 러시아 자본에 의
한 개발이 활발하게 이루어져 일명 러시아 거리라고 불리는 곳도 있다.

하와이 해변(Hawaii Beach)

Victory Beach의 남쪽에 위치한 곳으
로 고기 잡는 배를 빌린다면 이곳이
제일 좋다. 눈앞에 보이는 섬과 다리
가 연결되어 있지만 아직 일반인에게
는 공개되어 있지 않다.

오츠띠엘 해변(Ochheuteal Beach)

캄보디아인이나 유럽인에게 가장 인
기가 있는 바닷가로서 백사장이 3km
나 된다. 바닷가에서 휴식을 취하고
있으면 오징어구이, 새우구이, 신선한
과일을 판매하는 상인들이 몰려온다.
최근에는 호텔과 게스트하우스 건설이 붐을 이루고 바다에서는 워터
바이크를 즐길 수 있는 곳이다.

코 크테 섬(Koh Kteah Island)

Otres Beach 앞에 산호초로 둘러싸인 작은 섬으로 쉽게 산호나 물고기를 볼 수 있는 아름다운 섬이기 때문에 여행사를 이용한 관광객들이 많이 찾는다. 부실 여행사를 이용하는 관광객이 많아 신뢰성 있는 여행사를 선택해야하고 선창가에서 섬까지는 보트로 30~40분이면 충분하다.

황금사자 동상(Golden lion)

시하누크빌의 상징은 시내에 있는 두 마리의 Golden lion상으로 1996년에 제작되었으며, 시하누크빌을 찾는 관광객들은 바닷가 도시에 왜 라이온상이 있는지 의문을 갖는다.

이 의문에 대해서는 여러 가지 설이 있는데 캄보디아에서는 라이온을 '신하'라고 한다. 이전 국왕의 이름은 '시하누크' 로서 앞의 이름인 '시하'에다 'ㄴ'을 추가하여 이전 국왕에게 경의를 표한다는 의미에서 '신하=라이온' 이라는 의미로 시내 중심부에 두 마리의 라이온상을 제작하였다고 한다. 저녁이 되면 라이온상 로타리 주변에는 주민들이 포장마차 장사를 하는 모습을 볼 수 있고, 또한 지역주민의 휴식장소로도 애용되고 있다.

LEU 사원

언덕 위에 위치한 사원으로, 경 내에는
인형상이 놓여졌고, 시내도 한 눈에 바
라 볼 수 있다. 석양을 감상할 수 있는
아주 좋은 곳이다.

Prey Nup Manggrove 숲

시내에서 30km 떨어진 다양한 야생
새들이 서식하는 맹그로브 숲을 관찰
할 수 있는 유명한 곳이다.

LEU 마켓

시하누크빌 시내에서 제일 큰 현지 시
장으로 해산물과 채소 등 다양한 식재
료를 판매하고 있다.

림 국립 공원(Ream National Park)

시하누크빌 시내에서 23km 떨어진 곳에 위치하며, 1993년 국립공원으로 지정되었다. 바다 쪽에는 망그로브 숲이 우거져있고, 산에는 뱀, 1미터가 넘는 도마뱀, 호랑이, 다양한 종류의 조류 등 야생동물이 서식하고 있다. 이곳은 숲속의 마을, 해수욕 등 자연을 만끽할 수 있는 국립공원으로서 운이 좋으면 돌고래 출몰도 볼 수 있다.

Kbal Chhay 폭포

시내에서 북서쪽으로 11km 떨어져 있으며, 자동차로는 30분정도 걸린다. 현지인들에게 인기가 많은 피서지로 주말에는 다수의 관광객들이 몰려든다.

포이펫(Poipet)

포이펫은 캄보디아의 북서쪽에 위치하여 프놈펜에서 북쪽으로 약 400km 떨어져 있으며, 프놈펜에서 포이펫까지는 약 6시간이 소요된다. 씨엠립에서는 서쪽으로 약 150km 떨어져 있다. 태국과 국경지역에 위치한 작은 마을로 양국 간에 중요한 교역이 이루어지고 있는 곳이다. 포이펫은 태국에서 캄보디아를 찾는 배낭여행객들에게 잘 알려진 곳으로 태국에서 이곳을 통과하여 캄보디아로 입국할 수가 있다. 하지만 포이펫을 이용하여 캄보디아에 입국하는 사람들은 대부분 씨엠립을 찾는 외국인 여행객이 많다.

포이펫은 작은 지역이지만 여러 개의 고급 카지노가 있으며, 아시안식 맛집과 서양 레스토랑 등을 갖춘 현대적인 곳이다. 태국에서 도박을 금지하자 많은 태국인들이 포이펫에서 카지노를 이용하고 있으며, 이곳 카지노에서 벌어들이는 수익은 캄보디아 경제에도 일조를 하고 있다. 카지노가 있는 호텔의 주변에는 스파, 레스토랑, 마사지, 가라오케 등 다양한 오락시설과 유흥점들이 있어 카지노를 즐기는 사람들이 많이 이용하고 있다. 이곳은 태국과 교역으로 항상 활기가 넘치고 있지만 가능한 숙박은 피하는 것이 좋다.

그리고 포이펫은 의류 등 공산품을 많이 판매하고 있지만 카지노가 있어 화려하면서도 빈민, 마약, 인신매매, 사기 등 범죄로 유명한 곳으로 외국인은 소매치기, 이동요금, 사기, 환전, 지뢰가 아직 남아있는 곳이 많아 주변에서 활동하는 것은 자제하는 것이 좋다.

콧콩(Koh Kong)

콧콩은 시하누크빌에서 북서쪽으로 220km 떨어져 있으며, 태국과 국경 가까이에 위치하고 있다. 태국에서 육로로 캄보디아를 여행하는 여행객은 바다를 따라 이동하여 국경을 넘으면 된다. 2002년 콧콩다리가 개통되어 이곳을 이용하여 입국하는 외국인 관광객이 증가하고 있다. 콧콩은 자연의 보고로서 맹그로브 숲과 주변이 섬들을 관광할 수 있다. 최근에는 에코관광이 주목을 끌고 있으며, 프놈펜, 씨엡립 등에서 버스로 갈 수 있다.

캄퐁참(Kampong Cham)

캄퐁참은 프놈펜에서 북동쪽으로 124 km 떨어진 지점에 위치해 있으며, 프놈펜에서 6번, 7번 국도를 따라 약 2시간 30분이면 도착할 수 있다. 캄퐁참은 메콩강이 가로지르고 있으며, 서쪽으로 캄퐁츠낭, 북쪽으로는 캄퐁폼과 크라체, 남쪽으로는 컨달, 동쪽으로는 베트남과 국경을 맞대고 있다. 내륙으로 메콩강이 흐르고 있으며, 고무, 담배, 면, 대두 등 농산물이 많이 생산되는 지역이다. 캄퐁참은 프랑스 통치의 영향으로 도로가 잘 정비되어 있고, 가옥 모양도 서양풍 모습을 보여주고 있다. 그리고 메콩강을 가로 지르는 길이 1,360m에 폭 12.2m의 기즈나라고 불리는 다리가 있다. 이 다리는 일본 정부의 ODA에 의해 지난 2011년 완공되었으며, 캄보디아 지폐 뒷면에 그려져 있기도 하다.

캄퐁톰(Kampong Thom)

프놈펜과 씨엠립을 연결하는 국도 6호선의 중간지점에 있는 작은 도시로서 중심부에서 30Km 지점에 '산보 프레이 쿡' 문화유산이 있다. '산보 프레이 쿡'은 2017년 7월에 세계문화유산에 등록이 되어 많은 관광객들이 몰려들기 시작하여 새롭게 호텔이나 레스토랑이 생기고 있다. 가는 방법은 프놈펜이나 씨엠립 어디서나 갈 수가 있다.

크라체(Kratie)

캄보디아 동부 메콩강 유역에 있는 도시로 전체 면적의 80% 이상이 산림으로 덮혀 있으며, 풍부한 자연을 느낄 수 있는 곳이다. 이 지역은 공장이 별로 없고, 대부분의 주민들은 농사일을 하고 있다. 이곳은 한가한 농촌의 풍경과 더불어 메콩강에 서식하고 있는 민물 돌고래가 출몰하여 많은 관광객들이 돌고래를 구경하기 위해 몰려드는 곳이다.

메콩강 돌고래는 '이라와디 돌핀'이라고 하고, 회색 빛깔에 둥근 몸집으로 성장하면 길이가 2.5m, 몸무게 180kg까지 성장한다. 둥근 머리에 미소를 짓는 모습을 하고 있으나 최근 캄보디아에서는 메콩 돌고래의 개체수가 감소하면서 문제가 되고 있다. 메콩 돌고래는 캄보디아의 캄피지역에 약 60마리 서식하고 있다고 한다.

캄피지역은 메콩강 중에서 가장 수심이 깊은 곳으로 다양한 어종의 물고기들이 모여 메콩 돌고래의 먹이가 된다.

메콩 돌고래를 구경하기 위해서는 모터보트를 타고 강에 들어가야 한다. 보트 탑승요금은 약 2달러로 운수가 좋은 날이면 돌고래를 몇 분 안에 볼 수 있지만 돌고래가 잘 나타나지 않는 날에는 30분~1시간 정도 기다려야 할 때도 있다. 캄피지역을 방문하기에 가장 좋은 시기는 1월부터 5월사이가 제일 좋다. 우기철에는 메콩강의 범람으로 구경하기가 어렵다.

다케오(Takeo)

다케오는 캄보디아 남부에 위치한 곳으로 프놈펜으로부터 78km 정도 떨어져 있으며 2번 국도로 연결된다. 이곳은 다른 평범한 캄보디아 농가와 비슷하게 농업, 어업, 과일 재배를 주로 하고 있다. 전 지역주민들의 80% 이상이 농사에 종사할 정도로 농업 의존도가 높은데 이 지역은 관개시설이 잘 정비되어 있는 편이여서 1년에 2~3모작이 가능하다. 특히 다케오지역은 코코넛을 많이 재배하고 있으며, 프놈펜에서 팔리는 코코넛의 대부분을 다케오에서 생산하고 있다고 생각하면 된다. 또한 많은 농민들은 부업으로 실크를 생산하고 있어 지역주민의 큰 수입원이 되고 있다.

'몬돌키리'는 캄보디아에서 가장 넓은 주이며, 국토의 동쪽 끝에 위치해 있다. 이곳은 산세가 발달한 지형으로 동쪽과 남쪽으로 베트남과 국경을 맞대고 있다. 몬돌키리의 고도는 평균 해발 800m로 밤 시간이 되면 추워서 다른 기후를 느낄 수 있다. 프놈펜에서 몬돌키리까지 거리는 약 375km로 도로는 깨끗하게 포장되어 있어 약 7시간 정도면 몬돌키리에 도착할 수 있다. 몬돌키리는 총 인구의 80% 이상이 이곳 원주민이라 할 수 있는 소수민족들로 가장 큰 비중을 차지하는 민족은 프농족이다.

몬돌키리 주민들은 보통 쌀 경작, 과일 및 야채재배 등의 농업에 종사하고 있으며, 전통적인 이동식 농업방식을 고수하고 있는 것이 특징이다. 또한 사냥과 과일채집 등 원시시대의 생활방식을 유지하고 있기도 한다. 최근 외부인들의 이주가 많아지면서 딸기, 커피, 고무, 잣나무 등 재배 작물이 다양해 지고 있는 추세이다. 이곳은 아직 사람의 손길이 닿지 않은 울창한 밀림, 야생의 생태계를 그대로 간직한 천연자원의 보고이다. 최근에는 커피생산에 관심이 많은 지역이기도 하다.

캄보디아에서 시원하게 시간을 보내고 싶다면 보꼬산 국립공원을 찾으면 된다. 보꼬산은 3번 국도를 따라 프놈펜으로부터 190km, 껌뽓 주로부터 40km 떨어진 곳에 위치해 있다. 껌뽓 주 도심에서 서쪽으로 8km 정도 가다보면 '보꼬산 국립공원'이라는 대형 간판을 볼 수 있다. 보꼬산 정상까지 연결되는 도로는 매우 깨끗이 포장되어 여행에 불편함이 없다. 정상으로 향하는 드라이브는 약 1시간 소요되지만 주위의 수려한 경치 때문에 즐겁게 갈 수 있다. 하지만 경사가 급하고 커브가 심하기 때문에 안전 운전을 해야 한다. 보꼬산은 시원한 날씨와 아름다운 풍광을 자랑하고 있어 껌뽓 주의 최고 관광지이다. 산 정상에는 구름이 안개처럼 끼어 있고, 해발 1,075미터 정상에서는 태국만과 열대우림이 어우러진 경치를 한눈에 내려다 볼 수 있다. 기온은 1년 내내 20도 안팎의 시원한 기후를 유지하기 때문에 더위를 잊기에도 안성맞춤이다.

보꼬산은 1917년 탐험가들에 의해 발견된 이후 1922년 4월 프랑스 롤로스가 이곳을 카지노, 호텔, 우체국, 교회 등 휴양지로 개발하였다. 이곳은 프랑스 식민지 당시 프놈펜의 더위와 습도로부터 벗어나 프랑스 사람들의 피서지로서 큰 역할을 했으며, 지금도 외국 관광객들의 발길이 끊이지 않고 있다.

이색음식

개미요리

개미에는 개미 알데히드, 개미산을 비 롯한 인체의 생리활동에 중요한 역할 을 하는 트레오신, 리진 등 27가지 아 미노산이 들어있다. 그중 인체에 필수 적인 8가지 주요 아미노산이 모두 들어

있으며, 또한 단백질, 비타민 B1, B2, B12, E. 칼슘, 아연, 철 등 미량원 소들도 많이 들어있는 가운데 미량원소인 아연 함유량이 다른 식품에 비하여 10배 이상이나 많아 정력제로 애용되기도 한다. 이와 같은 이유에서인지 캄보디아 사람들은 불개미를 야채와 같이 요리하여 먹 는 관습이 있다. 씹을 때마다 톡톡 튀는 맛은 개미요리가 아니면 느낄 수 없다.

뱀구이

캄보디아에는 뱀 종류가 많다. 호수에 는 커다란 구렁이가 서식하고 있으며, 습지대와 숲속에는 크고 작은 다양한 종류의 뱀이 있어 작은 뱀들을 잡아 양념을 한 후에 꼬지를 만들어 거리에

서 판매를 하고 있다. 외국인들이 많은 씨엠립 나이트 마켓 근처에 가면 쉽게 구입하여 맛을 볼 수 있다.

귀뚜라미요리

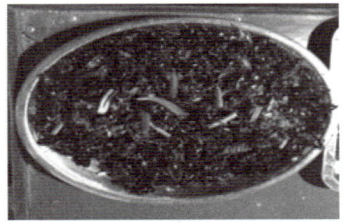

귀뚜라미 요리는 캄보디아인들의 단백질 공급원으로 밤에 도로변에 불빛을 밝혀 모이게 한 후에 귀뚜라미를 잡는다. 잡은 귀뚜라미는 고추, 후추 등 다양한 양념을 하여 볶아 길거리에서 판매하고 있어 도심에서 쉽게 발견할 수 있기 때문에 시식 체험하기 쉽다.

개구리요리

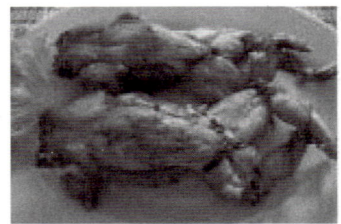

캄보디아 시골에는 물이 있는 곳에 개구리가 많이 서식하여 이들을 잡아 개구리 뱃속에 양념을 넣어 순대식으로 만들어 먹는 요리도 있고, 또는 다리만 숯불에 구워 먹는 요리도 있다. 맛은 닭고기와 비슷하며 전문식당에서 시식할 수 있다.

벌 애벌레구이

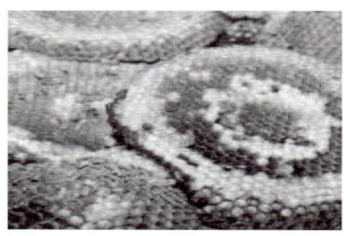

벌의 애벌레가 들어 있는 밀랍을 바나나 잎 위에 놓고 숯불에 구워 먹는 것으로 영양을 섭취하기 위해 먹거나 판매하기도 한다. 시내에서는 구경하기가 힘들며, 북부지역 산이 있는 곳에 가야만 시식 할 수 있다.

민물조개 리어 할

'리어 할'은 캄보디아어로 말린 조개라
는 의미이다. 리어 할은 캄보디아 사람
들이 즐겨 먹는 음식으로 우리나라 재
첩이라고 생각하면 된다. 하지만 요리
법은 우리나라와 다르게 햇볕에 2~3시
간 정도 노출시켜 익혀서 먹거나 뜨거운 물에 한번 데친 후 햇볕에
말려 소금이나 고춧가루, 그리고 다양한 양념을 해서 먹는다.
리어 할은 대부분 시장 부근에서 손수레의 판 위에 펼쳐 판매하고
있다. 러시안 마켓이나 센트럴 마켓 부근에서 많이 볼 수 있지만 길거
리에서 노상판매하고 있어 매연과 먼지에 오염이 되어 가능한 먹지
않는 것이 좋다.

아핑

아핑은 캄보디아 사람들의 간식으로
독거미 튀김이다. 이전에는 스쿠온지
방에서 판매하였으나 최근에는 시내
곳곳에서 판매하고 있다. 특히 외국인
관광객이 몰리는 씨엠립에서 이색체
험을 원하는 외국인들에게 많이 판매하고 있다.
아핑을 먹기 시작한 것은 크메르루즈 정권 때 굶주림을 견디다 못한
캄보디아인들이 손에 잡히는 모든 벌레들을 먹기 시작한 것이 오늘날
까지 전해져 왔다고 한다. 최근에는 아핑이 농촌의 수입원이 되어
아핑을 잡아 생계를 유지하는 사람들도 있다.

캄보디아 이야기

교통수단

캄보디아의 주요 대중교통 수단은 뚝뚝이와 오토바이였으나 최근에 버스와 기차가 운행하기 시작했다. 현재 버스는 시범적으로 운행하고 있지만 아직은 뚝뚝이나 오토바이가 기사들의 생계수단으로 없어서는 안 될 존재이다. 지금은 앱을 이용하여 택시나 뚝뚝이를 호출할 수가 있다.

거리에서 대기하고 있는 뚝뚝이나 오토바이는 승차하기 전에 가격협상을 해야 한다. 외국인 관광객에게는 비싼 요금을 제시하는 경우가 많기 때문에 시내에서 짧은 거리는 1달러, 1달러 50센트, 2달러 정도나 조금 먼 거리일 때는 3, 4달러를 지불하기도 하는데 터무니없이 비싼 요금을 요구하면 이용 할 필요가 없다. 하지만 장거리나 반일, 1일 임대의 경우에는 요금이 다를 수도 있다. 여러 차례 이용하여 경험이 생기면 요금을 먼저 제시하는 것도 대중교통을 이용하는 방법이다.

여행객은 가능한 위험성이 있는 오토바이를 이용 하지 않는 것이 좋다. 또한 고객이 원하는 목적지를 모르면서 아는 것처럼 달리는 뚝뚝이도 많기 때문에 지도를 보여주면서 목적지를 기사에게 자세히 알려주는 것이 목적지를 쉽게 찾아 갈 수 있는 방법이다.

Memo

캄보디아
관광 · 비즈니스

Ⅲ. 경제현황

경제현황

캄보디아는 적극적인 외자유치를 통해 경제발전 및 정국안정에 힘입어 2004년부터 2007년까지 연평균 11%의 고도 경제성장을 이룩했으나 세계적인 경기침체로 인해 2008년과 2009년 잠시 경제가 어려웠으나 2010년 이후 의류 수출 증가 및 건설경기 활성화로 인해 연평균 7% 이상의 안정적인 경제성장을 유지하고 있다.

그리고 캄보디아 정부는 WTO가입(2004년 9월)을 계기로 총 46개에 달하는 국내법을 WTO 규범에 맞추어 개정하는 작업을 지속적으로 추진 중에 있으며, 향후 해외투자환경도 점차 개선될 것으로 전망하고 있다. 하지만 비효율성, 공무원들의 낮은 보수 수준으로 인한 부패현상이 아직도 외국인투자유치에 장애요인이 되고 있다. 2004년 7월 출범한 제3기 캄보디아 연립정부는 국정 운영을 총괄하는 국가전략을 발표하고, 구체적 이행을 뒷받침하는 경제정책 행동계획을 세웠다. 주요 내용으로 지속적인 경제성장에 걸림돌이 되는 분야별 과제를 선정하고, 이를 해결하기 위한 상설기구 설치는 물론 외국인투자유치 확대를 위해 캄보디아 개발위원회(CDC)의 기능을 대폭 강화하는 내용도 포함하고 있다. 캄보디아 정부는 경제발전전략의 구체적 이행과 목표달성을 위해 우선순위 목표와 전략이 포함된 전략적 국가개발계획(NSDP 2014~2018)을 지속적으로 추진하고 있다.

경제성장률

캄보디아 경제는 2004년부터 2007년까지 4년간 10%가 넘는 경제성장을 하였다. 2009년 경제성장률은 세계적인 경제위기의 영향을 받아 0.1%까지 하락하였으나 2010년부터 경기 회복 및 의류신발류 수출 증가 등에 힘입어 6.6%, 2011년에는 7.1%까지 회복하였다. 이후 줄

곧 7%대 이상의 성장률을 기록하고 있으며, 2016년에도 캄보디아의 경제성장률은 예년과 비슷한 7.0%를 기록하였다. 아시아개발은행, 세계은행 등은 캄보디아가 수출 및 정부 지출 등을 바탕으로 향후 몇 년간 이런 성장세를 지속할 것으로 전망했다.

그리고 캄보디아의 봉제제품은 대미수출 의존도에서 탈피하여 유럽 및 일본, 아시아국가에 대한 수출 다변화정책의 영향으로 경제성장은 지속될 것으로 전망하고 있다.

▌연도별 GDP성장률 ▌

년 도	성장률	년 도	성장률
2007년	10.2%	2012년	7.3%
2008년	6.7%	2013년	7.4%
2009년	0.1%	2014년	7.1%
2010년	6.6%	2015년	7.0%
2011년	7.1%	2016년	7.0%

자료 : 캄보디아 경제재정성

1인당 국민총소득

캄보디아의 1인당 국민총소득은 2002년부터 2011년까지 꾸준히 증가하여 2016년에는 1,308달러가 되었다. 동남아시아 국가 중에서 생활수준이 최저인 국가이지만 프놈펜 시내에서는 고급품 구입을 희망하는 소비자가 증가하고 있다.

캄보디아는 2011년부터 계속해서 7%가 넘는 고성장을 유지하고 있다. 그 이유는 외국인 관광객의 증가와 도심부의 소득증가에 따른 서비스산업의 성장과 농업분야의 성장 때문이다. 또한 외국인기업의 봉제업을 중심으로 한 직접투자의 증가도 성장의 원인이라고 볼 수 있다. 현재 캄보디아 정부는 산업구조에 대한 정책을 세워 노동집약적 산업에서 기술집약적 산업으로 변화시키려고 노력하고 있다. 따라서 최근에는 자동차부품, 농업, 식품가공 등 봉제업 이외의 분야에 대한 투자가 급증하고 있는 실정이다. 이러한 국민소득 증가에 따라 2014년 프놈펜 시내에 캄보디아 최초로 일본계 복합 쇼핑센터인 이온 몰이 개장하였다.

▌1인당 국민총소득 ▌

2010년	2011년	2012년	2013년	2014년	2015년	2016년
781달러	877달러	945달러	1,010달러	1,138달러	1,200달러	1,308달러

자료 : 캄보디아 경제재정성

산업별 구조

캄보디아의 산업은 농업이 제일 높고 다음이 제조업, 상업, 운송업 순으로 되어 있다. 최근 외국인기업의 투자증가로 인하여 제조업이 서서히 증가하고 있다.

▌산업별 구조 ▌

산업별 구분	비율(%)	산업별 구분	비율(%)
농업	16.0	축산업	3.0
어업	6.0	제조업	17.0
전기 · 가스 · 수도업	1.0	건설업	11.1
상업	9.9	호텔 · 레스토랑업	5.2
운송업	8.4	금융업	2.1
부동산 · 비즈니스업	8.2	기타	7.9

주 : 2015년 기준
자료 : 캄보디아 경제재정성

2007년 캄보디아의 소비자 물가상승률은 14.0%였지만, 2008년에는 25%로 최고 수준으로 올랐다. 이는 국제유가의 급상승 및 국내 쌀 공급 부족으로 식품 등 가격이 급격하게 상승했기 때문이다. 2009년 물가상승률은 최저 수준인 −0.66%를 기록하였고, 이후 2010년부터 매년 조금씩 오르다가 2012년에는 2.93%로 떨어졌으며 2014년에는 3.85%로 상승하였다. 2016년에는 전년도보다 오른 3.02%를 보였다. 매년 물가 상승이 예상되어 캄보디아 정부는 5% 이상 증가하지 못하도록 물가 상승 억제정책을 세우고 있다.

▎소비자물가 상승률 ▎

2012년	2013년	2014년	2015년	2016년
2.93%	2.96%	3.85	1.23	3.02

자료 : Ministry of Economic and Finance, Kotra

캄보디아의 무역활동은 2008년까지 활발하게 이루어져 왔지만 2009년에는 세계 경기의 침체로 무역총액이 감소하였다. 2010년 이후에 다시 증가 추세를 보이고 있어 수출과 수입은 매년 상승하고 있고, 무역수지는 적자 상태가 계속되고 있다. 매년 수출이 증가하고 있지만 원자재가 부족한 캄보디아는 수입도 상승하고 있어 2012년 이후부터 연간 20억 달러 이상의 무역적자가 발생하였다.

지금까지 캄보디아 경제성장은 봉제품의 대미수출에 강하게 의존해 온 약점이 있어 정부는 EU 및 일본 등을 대상으로 수출할 수 있도록 다각화를 추진하고 있으며 새로운 산업분야의 발전에 노력하고 있다. 또한 산업구조를 단순노동 집약적인 산업에서 기술집약적 산업으로 전환하는 것을 목표로 하여, 최근에는 자동차부품, 농업, 식품가공 등 봉제업 이외의 분야에도 외국인투자가 이루어지고 있다.

▌무역수지현황 ▌

(단위 : 백만 달러)

구 분	2012년	2013년	2014년	2015년	2016년
수출 (FOB)	5,132	6,147	7,696	12,407	13,265
수입 (CIF)	7,459	8,880	10,439	13,841	14,706
무역수지	−2,327	−2,733	−2,743	−1,434	−1,441

자료 : General Department of Cambodia Customs and Excise, Phnom Penh Post, AKP, Kotra, 2018

수출입동향

캄보디아의 수출은 세계 금융 위기 영향을 받은 2009년을 제외하고 연속적으로 증가 추세를 보이고 있다. 2011년 수출총액은 약 48억 달러로 미국과 EU에 의류 등 일반특혜관세 품목의 수출이 증가했기 때문이다. 주요 수출품목으로는 봉제제품, 천연고무, 목재, 농수산물 등이다. 수입은 수출보다 많이 이루어지고 있으며, 역시 2009년을 제외하고 2010년부터 증가세를 보이고 있다.

주요 수입 품목은 원유 및 석유제품, 직물(원자재), 자동차 및 부품, 기계류, 전기전자제품, 담배, 의약품, 철강 등이다. 특히 2012년도의 경우 총수입액에서 직물(원자재)이 26.2%를 차지하고 있다.

2016년 무역액은 2015년과 비교하여 7.2% 증가하였다. 업종을 보면 의류 및 의류재료 수출이 증가하였고, 수입은 석유제품, 차량, 담배가 증가하였다. 하지만 무역수지는 36억 2,254만 달러의 적자를 보였다. 2016년 수출은 86억 5,027만 달러로 의류 및 의류재료가 63억 5,674만 달러로 전체 수출액의 73.5%를 차지하였다. 목재 수출은 캄보디아 정부가 2015년부터 베트남에 대한 수출을 제한하여 연속 감소하고 있다.

2016년 수입은 122억 7,281만 달러로 직물, 신발 등 기타 제조업 원료가 1위로 전체 수입액의 50% 이상을 차지하였다. 2위는 석유제품이고, 3위는 차량이 차지하였다.

최근에는 도시에서 호텔, 아파트, 사무실 등 건설공사가 활발하게 추진되고 있어 건설자재의 수입이 크게 증가하고 있다.

❚ 수출입상품 ❚

(단위 : 백만 달러)

구분	2015년	2016년
수출총액(FOB)	7,870	8,650
의류 및 재료	5,882	6,357
천연고무	163	164
목재	30	6
수산물가공	0	1
기타	1,794	2,124
수입총액(CIF)	11,642	12,273
직물, 제화 및 재료	5,966	6,355
석유제품	1,031	1,171
차량	630	723
담배	209	235
오토바이	260	231
건설자재	141	173
시멘트	95	70
기타	3,309	3,315

자료 : 캄보디아 경제재정성

2013년 기준 캄보디아의 주요 수출 대상 국가는 미국, 홍콩·중국, 영국 순이며, 우리나라는 수출대상국가의 10위안에 포함되지 않았다. 수입은 중국, 미국, 태국, 베트남 순이며, 우리나라는 6위의 수입국으로 되어 있다.

┃주요 국가별 수출동향┃

(단위 : 백만 달러)

국명	2010년	2012년	2013년	2015년
미국	1,903.4	2,545.2	2,174.0	2,136.5
중국	1,384.8	61.2	1,587.7	405.5
영국	235.2	651.0	718.8	869.0
독일	112.3	601.7	615.2	748.3
캐나다	274.2	599.2	480.6	551.0
일본	89.5	367.7	334.4	571.5

자료 : GDCE

┃주요 국가별 수입동향┃

(단위 : 백만 달러)

국명	2010년	2012년	2013년	2015년
싱가포르	1,555	1,087.2	348.4	503.2
태국	6,899	4,141.9	1,095.4	1,561.4
베트남	486.7	3,044.6	987.5	926.9
중국	1,184.9	2,976.8	3,004.2	3,926.1
한국	247.8	652.6	371.2	459.5

자료 : GDCE

우리나라의 캄보디아에 대한 수출은 지난 2001년 최초로 1억 달러를 돌파한 이후, 매년 평균 20% 정도의 증가세를 보이고 있다. 2003년 수출은 이라크 사태 및 SARS 등 대외적인 영향으로 인해 8.4%가 감소하였으나, 2004년 이후에는 다시 증가하여 2005년에 14.2%의 수출 증가율을 기록하였고, 2006년에는 수출 증가 추세가 지속되어 42.1% 증가율을 기록하였다. 이러한 추세에 힘입어 금융위기에도 불구하고 교역 규모는 2009년까지 꾸준한 증가세를 지속했다.

캄보디아에 대한 수입은 연간 500~700만 달러 정도에 불과하며, 2006년의 경우 540만 달러를 기록하였는데, 이는 캄보디아의 수출산업이 절대적으로 열악하여 수출 상품이 빈약했기 때문이다. 2008년에는 대 캄보디아 수입이 1,437.8만 달러를 기록하는 등 1천만 달러를 돌파하기도 했다.

2011년 우리나라의 대 캄보디아 수출은 전년 대비 35.4% 증가한 4억 507만 달러이고, 수입은 전년 대비 101% 증가한 8,734만 달러를 기록해 3억 6,343만 달러의 무역흑자를 기록했다. 2012년도 대 캄보디아 수출은 전년 대비 31.60%의 성장률을 기록했다. 대 캄보디아 수출은 2009년 이후 계속하여 성장세를 보이고 있으며, 수입 역시 수출에 비해 금액 면에서는 상대적으로 적으나 증가율이 100%에 달할 정도로 가파르게 상승하고 있어 무역수지도 수출 증가로 인해 지속적으로 흑자를 나타내고 있다. 하지만 수년 전부터 캄보디아로부터 매년 수입이 증가하고 있다.

┃ 우리나라의 캄보디아에 대한 수출입현황 ┃

(단위 : 천 달러)

구분	2013년	2014년	2015년	2016년
수출	614,644	654,540	652,765	572,856
수입	136,313	193,988	216,527	239,773
무역수지	478,331	460,552	436,238	333,083

주 : 캄보디아 정부통계와 우리나라 통계에 차이가 있음
자료 : KITI

대 캄보디아 수출입상품

캄보디아 주력 산업인 봉제업, 농업, 관광업, 건설업은 지속적인 성장세를 이어나가고 우리나라 제품에 대한 수요 역시 직물류, 수송기계류를 중심으로 증가하고 있다. 2013년 캄보디아에 대한 수출품목 중 가장 큰 비중을 차지한 것은 편직물제품으로 세계 경기침체에도 불구하고 소폭 증가했다. 두 번째로 큰 비중을 차지하는 품목은 알루미늄 가공품으로 전년도와 비교하여 54.9%가 증가했으며, 3위인 화물자동차는 전년대비 15.9%가 감소한 66,843천 달러로 2012년과 비교하여 상당히 감소했다.

2013년 수입품 1위는 면직의류로 전년 대비 19.3%가 증가하였으며, 우리나라 섬유회사들이 현지에서 생산기지 역할을 수행하고 있다. 섬유산업은 우리나라 기업의 투자가 주를 이루고 있다.

우리나라의 캄보디아 천연고무 수입량은 2012년에 이어 2013년에도 수입이 큰 폭으로 감소했고, 우리나라에서 새롭게 수입한 유선통신기기는 수입 금액이 크게 증가했다.

대 캄보디아 수출품목 중 가장 큰 비중을 차지하는 직물제품의 수출은 세계 경기침체에도 불구하고 증가추세에 있었으나 수출이 다소

감소했다. 전자기기와 기타 섬유제품의 수출량이 줄었지만 전년과 동일하게 국산담배와 음료 브랜드가 캄보디아에서 선풍적인 인기를 끌고 있다.

한편 캄보디아 수입품 중 의류 관련 제품들은 매년 성장하고 있는 추세이며, 이는 우리나라 섬유기업들의 현지 생산기지 역할을 잘 수행하고 있음을 알 수 있다.

┃ 우리나라의 캄보디아에 대한 수출입품목 ┃

(단위 : 천 달러)

수 출		수 입	
품목	금액	품목	금액
편직물	126,971	편직의류	116,397
알루미늄가공품	64,709	제어용케이블	24,537
화물자동차	56,848	직물의류	22,744
음료	56,592	신발	19,907
기타 섬유제품	43,883	가방	11,866

주 : 2016년 기준
자료 : KITI

우리나라와 관계

- 국교수립 : 1997년 10월 30일(북한과는 1964년 2월 28일)
- 주요협정 : 무역협정(1964년), 투자보장협정(1997년), 경제기술협력협정(1997년), 항공운수협정(2001년), 문화협력협정(2006년), 외교관·관용여권 사증면제협정(2006년)

개정된 투자법이나 다른 특별규칙에 따른 면세조치가 인정되지 않는 한 캄보디아에 수입되는 모든 수입품은 수입관세 대상이 된다. 캄보디아 수입관세는 기본적으로 종가세(0%, 7%, 15%, 35%)를 기준으로 부과한다. 하지만 일부품목에 대해서는 종량세 선택방식을 채택하고 있다. 그리고 원칙적으로 일부를 제외하고 모든 수입품에 대해서 10%의 부가가치세(VAT)를 부과하고 있다. 일부 품목에 대해서는 특별세(Special Tax)도 있다. 수입관세는 리엘로 부과하며, 환율은 캄보디아 중앙은행이 발표한 규정에 따른다.

┃ 일반관세 적용세율(대표품목) ┃

관세율	주요 품목
0%	의료용품, 비료, 광석, 서적 등
7%	식용과실, 동식물성유지, 당류, 원피(모피제외) 및 가죽, 자전거, 악기 등
15%	알코올(물과 맥주제외), 모터사이클, 시계 등
35%	벼나 보리 짚, 가정용전기기기, 승용차 및 기타자동차 등

자료 : 캄보디아 관세소비세총국

캄보디아의 인구는 약 1,600만 명으로 매우 적다. 2016년 1인당 GDP는 1,308달러로 세계 최대 빈곤국에 속한다. 따라서 내수를 목적으로 투자하는 것은 매력이 없다. 지리적으로 태국과 베트남의 국경을 접하고 있어 국경을 통한 물류 이동이 용이하므로 국경 무역이 성행하여 최근 국경 주변의 경제특구에 많은 외국기업이 투자하고 있다.

캄보디아는 아직 도로, 전기, 용수 등 사회간접자본이 정비되어 있지 않아 투자하는데 정확한 조사가 필요하다. 전기의 경우 약 50%를 베트남과 태국에서 수입하여 사용하고 있으며, 잦은 정전 때문에 진출기업들은 자가 발전기를 이용하여 제품생산을 하고 있다.

캄보디아는 건기와 우기가 있어 건기에는 용수가 부족하다. 용수를 많이 필요로 하는 산업의 경우 지하수에 의존해야 하므로 사전에 투자 대상 지역의 지하수 사정을 점검해야 한다. 또한 투자 승인을 한 후 잦은 세제 변경과 신규 세제 시행으로 캄보디아 정부에 대한 신뢰도가 문제가 되기도 한다. 그리고 관련 정부기관과 부처의 부정이 만연하여 금전적, 시간적인 손실도 종종 발생하고 있다.

특히 통관하는데 세관, 경찰, 검사기관 등의 중복적인 개입과 이들의 부당한 뇌물 관행으로 물류비용 증가가 현지에 투자하는데 큰 문제점으로 지적되고 있다. 그러나 적은 인구에 비해 남한의 약 2배 정도의 넓은 국토를 보유하고 있으므로 캄보디아의 주력 수출품인 천연고무, 타피오카, 쌀, 콩, 고구마, 야자유, 캐슈넛(cashew nut)재배 등의 농업생산에 장기적 안목을 갖고 투자한다면 향후 자원의 안정적인 확보와 수익성을 높일 수 있다.

캄보디아에 대한 투자는 일반지역에 투자한 것과 경제특구에 투자한 것으로 나누어져 있다. 캄보디아 투자위원회(CIB)의 자료에 의하면 일반지역에 투자한 금액은 2012년 1,371백만 달러이고, 2013년에는 1,234백만 달러로 나타나 전년도보다 약 10%가 감소한 금액이다. 하지만 투자건수는 154건에서 163건으로 증가하였다.

2016년 투자금액은 23억 776만 달러로 2015년과 비교하여 크게 증가하였다. 국가별로 보면, 최대 투자국인 중국보다 일본이 과거 최대 금액인 7억 7,375만 달러를 투자하여 전체 투자 금액의 30%를 차지하였다.

리조트개발 사업인 A2A Town에 5억 2,188만 달러, 캄코시티 인근 이온 몰2에 2억 1,096만 달러를 투자하였다. 기타 호텔 및 관광산업에 도 투자가 이루어졌다.

업종별 투자를 보면, 농업이 3억 2,490만 달러로 크게 증가하였다. 중국기업이 사탕수수 생산과 제당사업에 대규모 투자한 것이 증가 요인이다. 한편 캄보디아의 주요 산업인 봉제와 신발에 대한 투자는 2억 5,015만 달러다.

한편 경제특구(SEZ)에 투자한 금액을 보면, 2012년은 44건에 192백 만 달러를 투자했다. 2013년에는 52건에 251백만 달러를 투자하여 일반지역투자보다 경제특별구에 대한 투자가 건수 및 투자금액이 증 가하여 경제특구에 대한 관심이 높아지고 있는 것을 알 수 있다. 또한 중국 및 베트남 등 주변국의 임금상승과 노동력부족, 외국계기업에 대한 각종 우대조치의 폐지 등 외부환경의 변화로 캄보디아는 새로운 투자국가로 떠오르고 있다.

현재 캄보디아의 경제특구는 39개가 있으며, 2016년 경제특구에 대한 투자는 대부분 시하누크빌 경제특구와 프놈펜 경제특구에 투자가 이 루어졌다. 시하누크빌 경제특구는 일본의 유상자금협력에 의해 건설 되어 전력공급, 배수시설 등 인프라시설이 갖추어져있다. 또한 인접 한 시하누크항구는 캄보디아 유일의 국제심해항구 수출입 거점으로 서 큰 역할을 하고 있다.

2017년 3월 현재 프놈펜 경제특구 입주기업은 82개 기업으로 매년 증가추세에 있다. 프놈펜 경제특구는 일본계 기업이 일부 투자하여 운영하고 있으며, 프놈펜 시내중심에서 약 1시간 거리에 있다. 그리고 육로 및 해로와 유리한 위치에 있다. 독자의 발전소와 급배수시설 등 인프라시설이 갖추어져 있고, 통관업무 등 원스톱(One Stop)서비 스가 가능하여 진출기업에 인기가 있다.

국가별 해외직접투자는 2010년에 우리나라가 1,026백만 달러를 투자하여 최대의 투자국가로 부상하였으나 2011년에 영국이 암모니아 요소비료 플랜트사업에 대형 투자를 하여 1위를 차지하였다. 이후 2012년부터 중국이 호텔 및 상업시설, 인프라시설에 투자하여 최대 투자국으로 부상하였다. 인근 국가인 베트남도 캄보디아에 투자하고 있다.

일본은 2010년부터 2013년까지 일반투자지역이 아닌 경제특구에 대한 최대 투자국이고, 다음으로 중국이 투자를 활발하게 하고 있다. 특히 프놈펜시내에 2014년에 개업한 이온 몰은 일본의 투자금액을 한층 상승시켰다.

2010년부터 2015년까지 국가별 해외직접투자 누계는 중국이 8,969백만 달러로 최고의 투자국이며, 우리나라는 4,093백만 달러로 제2의 투자국이다. 다음이 말레이시아, 영국, 미국으로 되어 있다.

중국의 캄보디아에 대한 투자의 특징은 호텔이나 리조트 등에 대한 투자가 많고, 우리나라도 비즈니스빌딩 등 부동산투자에 적극적이다. 경제특별구(SEZ)의 외국인직접투자는 일본기업이 적극적으로 투자를 하였으나 최근에는 중국기업도 활발하게 투자를 하고 있다.

▌외국인직접투자현황 ▌

(단위 : 백만 달러)

2011년		2012년		2015		2016년	
국가	금액	국가	금액	국가	금액	국가	금액
중국	1,190	중국	264	중국	241	중국	731
베트남	630	베트남	90	일본	39	일본	774
홍콩	331	홍콩	117	홍콩	109	홍콩	320
영국	2,237	영국	37	태국	22	태국	131
대만	82	대만	97	싱가포르	27	싱가포르	104
한국	146	한국	281	한국	8	한국	20
싱가포르	13	싱가포르	83	베트남	89	베트남	81
미국	144	태국	121	대만	46	대만	40
일본	6	일본	212	영국	115	영국	36

주 : 경제특별구지역 투자 제외
자료 : 캄보디아 투자위원회

▌경제특별구(SEZ) 외국인직접투자현황 ▌

(단위 : 백만 달러)

2011년		2012년		2015년		2016년	
국가	금액	국가	금액	국가	금액	국가	금액
일본	88	일본	65	중국	82	중국	93
중국	32	중국	51	일본	22	일본	51
태국	10	태국	12	미국	0	미국	10
대만	10	대만	12	베트남	0	베트남	7
베트남	3	베트남	–	태국	4	태국	2

주 : 일반지역 투자 제외
자료 : 캄보디아 SEZ위원회

2010년 최대 투자 업종은 건설업으로 건물과 인프라 투자가 많이 이루어졌다. 2011년에는 관광산업의 발전으로 호텔에 대한 투자가 많았으나 2013년에는 투자가 전혀 없는 것으로 나타났다. 현재 프놈펜과 씨엠립은 관광 및 비즈니스 목적으로 방문하는 외국인이 매년 증가하고 있기 때문에 외국인을 위한 호텔이 건설되고 있다. 향후에도 관광산업에 대한 투자는 증가할 것으로 예상된다. 공업의 투자 가운데 의류섬유에 대한 투자는 2012년까지 매년 상승하였으나 2013년에는 약간 감소했다. 이러한 현상은 경제특구에 대한 투자가 많이 이루어졌기 때문이다. 2013년의 농업분야에 대한 투자는 전년도 보다 약간 상승한 4억 13백만 달러가 투자되었다.

2016년 업종별 단일투자는 농업부분에 투자가 많이 이루어졌으며, 공업 분야에서는 역시 의류 섬유분야가 최고로 나타났다.

｜ 업종별 투자현황 ｜

(단위 : 백만달러)

업종		2011년	2015년	2016년
1.농업		674.0	168	325
2.공업		2,781.5	445	669
	에너지	107.0	1	6
	식품가공	0.0	2	0
	의류섬유	366.9	210	188
	기계금속	5.3	15	22
	광업	8.7	0	76
	플라스틱	0.0	5	0
	신발	24.8	151	62
	기타	2,268.8	61	315

업종		2011년	2015년	2016년
3.서비스업		96.6	172	394
	건설업/인프라	96.6	140	142
4.관광업		1,528.2	0	919
	호텔업	1,508.8	0	69
	관광업	19.4	0	850

주 : 경제특구에 대한 투자 제외
자료 : 캄보디아 투자위원회(CIB)

우리나라 기업의 투자동향

우리나라 기업의 캄보디아에 대한 투자는 1997년 양국 간 외교관계가
정식으로 수립된 이후 본격화되었다.

2006년 CDC의 투자 승인 금액은 총 10억 982만 달러로 우리나라가
제1위의 투자국이었다. 1994년에서 2013년까지 투자 실적은 중국에
이어 제2위 투자 국가를 기록했고, 글로벌 경제위기 여파가 있었던
2009년 이후 투자는 잠시 주춤했지만, 2011년에 대규모 투자가 이루
어졌다.

2014년 우리나라의 캄보디아에 대한 투자 금액은 약 47백만 달러로
2013년과 비교하여 1/3 수준으로 감소했다. CDC 통계에 포함되지
않는 요식업, 관광업(여행사 포함), 도·소매업, 미용업 등 현지인과
의 합작 또는 현지인 명의를 차용하여 진출한 영세 규모의 투자가
많은 편이기 때문이다.

2012년 세계 금융 위기 이후 점점 투자 하락세를 보이다가 2015년도
842만 달러로 전년 대비 87% 하락했다(2014년 6,516만 달러). 이후
2016년 2,015만 달러의 투자를 기록하면서 점차 투자가 증가하는
움직임을 보이고 있다.

▌우리나라 기업의 캄보디아 직접투자 현황 ▌

(단위 : 건, 백만 달러)

년도	2009년	2010년	2011년	2012년	2013년	2014년	2016년
신고 건수	204	207	247	236	197	82	149
신고 금액	283.9	124.6	1,179.1	139.9	138.6	47.6	136

자료 : 한국수출입은행, 2018

우리나라 기업의 업종별 투자동향

우리나라 기업의 캄보디아에 대한 투자는 초기에 중고 오토바이 수출을 중심으로 무역업과 광산, 식당, 호텔, 관광 등으로 투자가 확산되었다. 1996년부터 다수의 봉제 공장이 진출함으로써 캄보디아 진출이 본격화되었으며, 최근에는 제조업, 건설, 농가공, 조립 등에 이르기까지 다양한 업종의 투자가 이루어지고 있다. 또한 고부가가치 산업인 전력, 통신 및 인터넷과 같은 산업도 증가하고 있다.

특히, 최근 캄보디아는 부동산 개발 붐을 타고 건설 분야에 대한 투자가 활발하게 이루어지고 있다. 그리고 봉제 등 노동집약형산업 투자 이외에도 자원을 활용한 농업분야의 투자 비중도 증가 추세를 보이고 있다. 우리나라 기업의 캄보디아 투자는 합작투자보다 단독투자를 선호하는 것이 특징이며, 최근에 현지인과 합작투자도 점차 증가하는 추세이다.

우리나라 기업의 진출 분야

- 제조업 : 의류, PVC 파이프, 통신케이블, PE 백
- 농　업 : 타피오카, 팜 오일, 비료
- 무　역 : 차량, 중장비, 전선, 직물
- 건　설 : 아파트, 배수로 공사, 도로, 상하수도
- 서비스 : 금융업, 미용센터, 통관, 자동차 정비, 컨설팅
- 기　타 : 호텔, 식당, 여행사, 골프 연습장, 노래방, 극장

❚ 우리나라 기업의 업종별 직접투자 현황 ❚

(단위 : 백만 달러)

업종	2010년	2011년	2012년	2013년	2014년	2016년
농림어업	9.9	35.7	22.3	7.2	5.0	10
제조업	26.5	45.4	61.4	57.3	37.1	27
건설업	20	10.9	9.8	19.6	2.3	8
금융보험	26.5	17.5	11.4	8.0	10.2	79
부동산	9.5	17.5	3.0	4.1	3.9	4

자료 : 한국수출입은행, 2018

외국인투자기업의 원재료 및 부품조달

캄보디아에 진출한 외국인투자기업이 상품제조에 필요한 원재료 및 부품에 대한 조달을 국가별로 보면, 전체의 48.0%를 현지에서 조달하고 있다. 일본에서 30.3%, ASEAN에서 7.7%, 중국에서 6.1%, 기타 국가에서 7.9%를 조달하고 있다. 한편 우리나라 기업은 현지에서 47.9%를 조달하고, 일본에서 38.9%, ASEAN에서 2.0%, 중국에서 5.4%, 기타 국가는 5.8%를 조달하고 있다.

▌국가별 원재료 및 부품조달 현황 ▌

(단위 : %)

국가	현지	일본	ASEAN	중국	기타 국가
전체	48.0	30.3	7.7	6.1	7.9
한국	47.9	38.9	2.0	5.4	5.8
중국	64.2	27.9	2.9	0	5.0
대만	54.2	29.8	2.4	5.6	8.0
태국	52.7	29.7	4.6	6.5	6.5
캄보디아	10.7	22.5	36.6	22.3	7.9

주 : 제조업기준 2013년 조사
자료 : JETRO 프놈펜사무소

캄보디아 주요 국가개발전략

• 비전 및 국가발전 전략

1) 비전

2030년 상위중소득국(UMIC), 2050년 고소득국(HIC) 진입을 목표로 하고 있다.

2) 국가발전전략

성장(Growth), 고용(Employment), 형평(Equity), 효율(Efficiency)을 발전전략으로 하고, 매년 7%대 경제성장을 유지하려고 한다.

• 4대 국가전략

① 농업발전(distribution, value added, productivity)

② 인프라(교통, 수자원 및 관개, 에너지, ICT)

③ 민간발전(민간기업 활성화, 투자유치, 일자리, SME, 사회안정망)

④ 인적역량개발(교육, 보건, 젠더, 인구)

1) ODA 지원 규모

우리나라의 캄보디아에 대한 원조액(1991~2014)은 유상과 무상을 합계하여 6.5억 달러 규모이다. 지난 5년간(2010-2014)에 27.3억 달러를 원조하였다.

2) 지원체계

유상원조는 EDCF 단일기관에서 지원하고, 무상원조는 KOICA 중심으로 지원된다. 또한 다수의 정부부처가 ODA 지원을 하고 있다.

3) 지원 분야

1991년부터 2016년까지 우리나라의 캄보디아에 대한 원조는 도로, 보건, 농업 순으로 지원되었다. 지역별로는 전국규모 사업이 34%로 가장 많았으나, 프놈펜, 씨엠립, 캄퐁참지역 사업이 60%를 차지하고 있어, 지역별 편중 현상이 발생하고 있다.

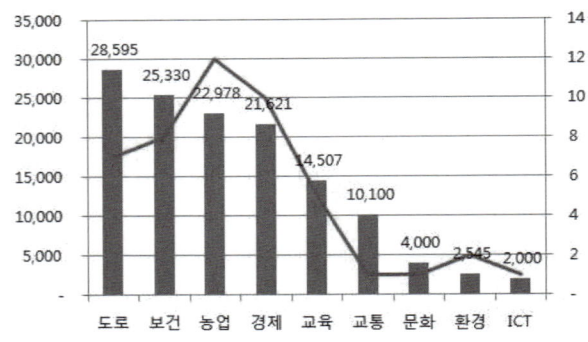

❚ 분야별 지원현황(1991-2016) ❚

자료 : KOICA, 2018

4) 우리나라의 개발현황
  • 지역개발 (Rural Development)
  미곡생산을 위한 관개개발 사업을 중점적으로 지원하고 있다.
  농촌개발 사업으로 2014년부터 895만 달러 규모로 지원중인 농
  촌공동체 개발 사업을 통해, 캄보디아 농업정책 수립을 위한
  Master Plan을 수립하였으며, 농업 지도자 양성을 위한 연수원
  건립, 30개 시범마을을 추진하고 있다.
  2017년부터는 캄퐁참 농업대학의 농업교육 역량을 강화하는 사
  업을 통해 캄보디아에 체계적인 농업발전 모델을 구축해 나가고
  있다.

  • 관개개발(Irrigation Development)
  2010년 이전, 캄보디아의 농업 잠재력을 활성화를 위한 관개개발
  사업을 중점 지원하고 있으며, 2002년에 타목 저수지 복구사업,
  2004년에 크랑폰리강 유역 수자원개발 타당성 조사사업, 바테이
  지역에 홍수조절사업을 지원하고 있다.

  • 보건(Health Care)
  캄보디아의 열악한 보건인프라 개선을 위한 각 지역 병원 설립
  및 개선 사업 및 캄보디아 보건부와 공동으로 추진하는 캄보디아
  보건의료 서비스 개선(Health Equality and Quality Improvement
  Project)을 지원하고 있다.
  우리나라는 전국에 5개의 병원을 건립하여 '캄' 보건복지 개선에
  기여하고 있다. 지금까지 지원한 병원은 캄퐁츠난 지역병원, 씨
  엠립 주립병원, 캄퐁참 바티에이 병원, 앙두엉 안과병원, 프놈펜
  국립아동병원 등이다.

- 교통(Transportation)

  교통 인프라건설 사업에는 대규모 예산이 투입되어 우리나라는 마스터 플랜 및 타당성 조사 위주로 사업을 실시하고 있다. 그동안 씨엠립 우회도로 건설, 3번 및 48번 국토 교통안전 개선사업을 지원하였으며, 최근에는 프놈펜공항에 민간항공 교육센터를 건립하여 항공종사자들의 역량강화에 노력하고 있다.

- 교육(HRD)

  교육 사업은 국가발전의 기초임을 인식하고 캄보디아 인력의 능력향상을 위해 다양한 교육 분야에 지원을 하고 있다. 지원한 사업은 캄보디아 HRD센터 건립으로 왕립 프놈펜대학(RUPP) 학생, 교수, 연구원의 교육여건을 개선시키고 있다.

주요발전과제

- 노동생산성 저하 및 특정 산업 편중현상

  캄보디아는 봉제 및 관광산업에 편중된 산업구조를 가지고 있으며, 이들 분야에 있어 노동생산성은 계속적으로 하락하고 있는 추세이다.

- 제도 및 인적자본, 인프라 부족현상

  낮은 교육의 질, 낮은 자본시장의 효율성, 높은 전기용품 및 관세율이 주요 문제로 지적되고 있다. 특히 '교육의 질'과 관련하여 중고등학교 교육 입학률이 낮고, 대졸인력의 낮은 자질로 인해 개선이 필요하다.

- 낮은 보건의료 수준

  캄보디아는 산모 사망률이 가장 높은 국가이다. 사회안전망 역시 취약한 상태로 의료비 중 개인부담 비율이 60%에 달하고 있어 사회 보장이 잘 안되어 있다.

- 거버넌스 문제

  2015년도 부패인식지수는 150위로 아시아 국가 중 아프가니스탄, 북한과 함께 최하위를 기록하고 있다. 취약한 거버넌스로 인해 공공 재정관리시스템의 부실, 인적자원 배분의 실패, 정부의 대민 서비스 능력 약화에 문제가 발생하고 있다. 특히 빈민층과 취약층의 어려움 이 심각하다.

ASEAN지역 무역협정 체결현황

캄보디아는 아시아지역 안보포럼(ARF) 회원국으로서 아세안지역의 정치·안보 대화기구에 적극 참여하고 있으며, ASEAN(ASSOCIATION OF SOUTH EAST ASIAN NATIONS: 동남아시아 국가연합)에 1999년 4월 30일 마지막 회원국(10번째 가입국)으로 가입하여 지역경제체제 속에서 캄보디아의 경제 발전을 가속화하겠다는 일념으로 AFTA(ASEAN FREE TRDE AGREEMENT)의 제반 관세철폐 스케줄 준수에 노력하고 있다.

ASEAN은 베트남에 이어 캄보디아, 라오스, 미얀마도 회원국으로 받 아들여 빠른 시일 안에 역내관세를 5% 이하로 낮춰 아세안자유무역 지대(AFTA) 추진을 가속화한다는 구상을 세웠다. 그리고 1997년 7월 에 라오스, 미얀마가 ASEAN에 새로 가입하였다.

한편, 2003년 9월 멕시코 칸쿤에서 개최된 제5차 WTO 각료회의를 통해 저개발국가에서 처음으로 세계무역기구(WTO)회원국으로 가입이 승인되어 2004년 10월 국회의 비준을 거쳐 세계무역기구(WTO)에 148번째 회원국이 되었다. ASEAN가입 후 2008년 11월까지 한-아세안 FTA 미 발효국가인 캄보디아는 2006년에 서명한 한-아세안 FTA 상품무역협정 이행을 위한 국내 절차를 완료했다. 한-캄보디아 FTA는 2008년 11월 1일부터 공식 발효하여 이행하게 되었으나, 캄보디아는 동남아 최빈국이라는 이유로 잠정 유예되었다.

캄보디아 이야기

톤렙샵 호수

씨엠립에서 볼거리로 앙코르 와트 외에도 꼭 가봐야 할 곳으로 동남 아시아에서 제일 크다고 하는 톤렙 샵 호수가 있다. 메콩강의 역류로 우기 때에는 물이 호수로 흘러들어 호수에 물이 가득 차 수상가옥에서  생활하는 현지인들에게 편리함을 주지만 비가 안 오는 건기 때에는 물이 부족하여 수상가옥에서 생활하는 사람들이 물을 찾아 이사를 해야 하는 불편함이 있다.

수상가옥에 사는 현지인들은 모든 생활을 수상에서 해야 하기 때문에 호수에는 학교, 운동장, 교회 등 생활하는데 필요한 시설이 갖추어져 있을 뿐만 아니라 수상에서 돼지도 키우고, 악어 및 어류를 양식하며 생활한다.

톤렙샵 호수를 구경하려면 배를 타고 호수 중앙으로 이동을 해야 하고, 배를 타고 가는 동안 어린 꼬마가 팁을 받기 위해 관광객의 어깨를 마사지 해주기도 하고, 생활비를 벌기 위해 구렁이를 목에 걸고 관광객에게 기념사진을 찍으라고 배 가까이 다가오는 어린 꼬마의 생활에서 우리의 옛날 생활이 떠오르게 한다. 또한 호수는 그렇게 맑아 보이지는 않지만 현지 아이들과 어른들이 얕은 물가에서 그물을 쳐 놓고 고기를 잡는 모습을 심심치 않게 볼 수 있다. 호수를 구경하며 배를 타고 어느 정도 들어가면 수상매점이 있는데, 그 곳 꼭대기에서 보면 호수가 바다처럼 수평선이 펼쳐져 있어 마치 바다 위에 있는 느낌이 든다. 이곳에서 해가 지는 모습을 본다면 잊지 못할 추억이 될 것이다.

캄보디아
관광 · 비즈니스

Ⅳ. 캄보디아 투자환경

회사설립 방법

개인사업자(Solo Proprieter)

모든 구좌, 계약, 자산, 라이센스를 소유자명(개인사업주 또는 창업자)으로 등록할 수 있다. 사업은 자기 자신이 관리하고 이익, 손실에 대한 권리 의무를 책임진다. 그리고 이익은 직접과세 대상이며 부채는 무한책임을 진다.

개인사업자 등기신청 절차

첫째, 상업국, 상업성 등기국에 연락하며, 창구는 상업성 비즈니스 등록 사무실이다.
둘째, 필요한 자료를 갖추고 상무국에서 서명을 받고 제출한다.

- 소정의 신청양식 D, D1 3통(원본2, 복사본1)
- 여권이나 신분증명서의 복사본에 자필서명 또는 지문 날인 3통
- 개인사업자 사진(4×6cm) 3매
- 최저자본금 400만 리엘(약 1,000달러)을 확인할 수 있는 은행 소개장 원본 1통
- 사무실계약서 복사본
- 공식등록료 40달러
  * 5일간 소요되며, 각 지구의 세무국에 확인

파트너쉽(Partnership) 비즈니스

의사, 변호사, 회계사 등은 전문직으로서 개인적으로 취득하거나 유지가 어려운 시설과 설비를 필요로 하는 업종이다. 2인 이상 관계자가 구두나 서면으로 계약하는 경우가 많다. 일반 파트너쉽은 등기 후 법인으로 취득하는 것으로 동산, 부동산소유, 거래, 계약, 소송 등 권리를 필요로 한다. 그리고 업무에서 발생한 이익과 손실은 분배하고, 파트너쉽의 부채 및 법적의무 등은 공동 및 개인적으로 채무를 부담해야 한다.

한정 파트너쉽은 1인 또는 복수의 일반 파트너쉽과 1인 또는 복수의 한정 파트너쉽 계약으로 상무성에 파트너쉽 증명서를 제출한다. 일반 파트너쉽은 파트너쉽을 운영하는 의무를 가지고 있다. 한정 파트너쉽은 자본충족에 대한 의무를 갖는다. 이익배당은 각각 지분에 따라 받고, 채무에 관해서는 출자에 동의한 금액 또는 자산의 가치를 한도로 채무를 이행한다. 일반 파트너쉽은 제3자에 대해서 부채를 공동이나 개인적으로 책임져야 한다.

파트너쉽(Partnership) 등기신청 절차

첫째, 상업국, 상업성 상업등기국에 연락하여 회사명 사용 가능 여부를 확인한다.

둘째, 필요한 자료를 갖추고 상무국에서 서명을 받고 제출한다.

- 소정의 신청양식 A, 3통(원본2, 복사본1)
- 각각 파트너쉽의 여권이나 신분증명서를 복사하여 자필 서명 또는 지문 날인(1인당 3통)
- 각각 파트너쉽의 사진 4×6cm/1인당 3매

- 최저자본금 400만 리엘(약 1,000달러)을 확인할 수 있는 은행 소개장 원본 1통
- 파트너쉽 전원이 서명한 계약서 3통
- 공식등기료 42만 리엘(약 105달러)

셋째, 최소 5일에 영업일 처리 종료, 10일 이내에 가등기증명서, 30일 이내에 정식 등기증명서가 교부된다.

▌ 프놈펜 봉제공장(서림) ▌

유한책임회사

법인으로서 주주, 대표이사, 이사에 대해서 개인적인 책무를 지는 일은 없다. 사적유한책임회사(Private Limited Companies)는 주주 2~30명까지 가능하다. 단, 1인 주주로 설립되는 경우에 단독주주유한회사라고 부르며, 주식의 일반 공개불가, 발행한 주식에 양도제한이 있으며, 상업성의 법령에 정해진 형식에 따라 등기되어 있는 경우에 사적유한책임회사로 보고 있다. 공개유한책임회사(Public Limited Companies)는 회사법에 따라 주식이 일반 공개되는 유한책임회사를 칭한다.

유한책임회사 등기신청 절차

첫째, 상업국, 상업등기국에 연락, 창구는 상업성비즈니스 등록 사무실이다.

둘째, 필요한 자료를 갖추고 상무국에서 서명을 받고 제출한다.

- 신청양식 A, A2, A3 3통(원본2, 복사본1) 주주, 임원 전체의 여권, ID복사본에 자필 서명 또는 지문 날인(1인당 3통)
- 주주, 이사 전체의 사진 4×6cm/1인당 3매
- 최저 자본금 400만 리엘(1,000달러)을 확인할 수 있는 은행 소개장 원본 1통
- 외국인 국적 무범죄증명서(소정 양식에 싸인)
- 기본정관 3통
- 공식등기료 42만 리엘(105달러)
  * 주주가 법인인 경우에는 추가 서류 필요
- 모기업의 기본정관인증 복사본 1통
- 모기업의 등기증명서 인증 복사본 1통
- 모기업의 주주 대표자 임명장 원본 1통
- 법인 주주 대표자 사진 4×6cm 3매
- 법인 주주 대표자의 여권 또는 신분증명서 복사본에 직접 서명 또는 지문날인 3통

셋째, 최소 5일에 영업일 처리 종료, 10일 이내에 가등기증명서, 30일 이내에 정식 등기증명서가 교부된다. 세무국에서 세무등록 및 VAT 등록이 필요하다.

주재사무소

모회사에 소개를 목적으로 고객과 접촉, 상업정보조사, 모기업에 기여, 시장조사, 전시회에서 상품판매 및 전시, 전시회 상품구입 및 보관, 사무소 임차 및 직원고용, 모기업을 대신한 현지고객과 계약행위 등의 업무가 가능하다. 이익을 내는 업무는 인정하지 않고 법인소득 이외는 과세 대상이다.

- 등록신청서류(양식 E, E2, E3)
- 회사정관(캄보디아어 번역)
- 회사등기부 영어판(공증 필요)
- 본국 본사의 대표자 어포인트 레터(원본)
- 여권복사본
- 대표자 사진 3매(4cm×6cm)
- 사무실 임대 계약서 복사본
  * 5일간 소요되며, 세무국과 노동성 등록이 필요

지점

주재사무소와 동일한 업무가 가능하며, 법령에 의해 금지되어 있는 행위를 하지 않으면 된다. 상품 및 서비스판매, 제조, 가공, 건설에 종사할 수 있다. 자산은 모기업에 속하고 모기업은 지점의 채무에 대한 책임을 진다. 그리고 이익, 회계 등 정보를 계속적으로 신고할 의무가 있다.

- 등록신청서류(양식 E, E2, E3)
- 회사정관(캄보디아어 번역)

- 회사등기부 영어판(공증 필요)
- 본국 본사의 대표자 어포인트 레터(원본)
- 여권복사본
- 대표자 사진 3매(4cm×6cm)
- 사무실 임대 계약서 복사본
  * 5일간 소요되며, 세무국과 노동성 등록이 필요

자회사

모회사가 최저 51%를 출자한 외국기업으로 모회사와 다른 법인성격을 가진다. 파트너쉽 또는 유한책임회사로 설립하며, 법령에 금지되어 있는 업무를 제외하고 일반적인 업무를 수행할 수 있다.

주재사무소 및 지점 등기신청 철자

첫째, 상업국, 상업등기국에 연락, 창구는 상업성 비즈니스 등록 사무실이다.
둘째, 필요한 자료를 갖추고 상무국에서 서명을 받고 제출한다.

- 신청양식 E 3통(원본2, 복사본1)
- 모기업의 기본정관 인증 복사본 1통
- 모회사 등기증명서 인증 복사본 3통
- 모회사가 발행한 주재사무소 소장 임명장 원본 1통
- 주재사무소 소장 사진(4×6cm) 3매
- 주재사무소 소장 여권 또는 신분증명서를 복사하여 자필 서명 또는 지문 날인 3통
- 공식등기료 42만 리엘(약 105달러)

셋째, 최소 5일에 영업일 처리 종료, 10일 이내에 가등기증명서, 30일 이내에 정식 등기증명서가 교부된다. 세무국에서 세무등록 및 VAT 등록이 필요하다.

투자보장제도

개정된 투자법에서는 투자보장정책으로 외국인투자자는 토지소유를 제외하고 국내투자자와 동일한 취급을 한다. 정부는 민간투자자의 자산에 악영향을 미치는 국유화 정책은 취하지 않는다. 정부는 QIP의 제품가격과 서비스요금에 대해서 통제를 하지 않고 투자자가 은행을 통해서 외화를 구입하여 해외에 송금하는 것을 허가하고 있다.

투자라이센스 수속

① 신청자가 CDC/PMIS에 투자계획서를 제출(신청양식, 신청료 700만 리엘 지불)

▼

② 서류의 부족 없이 계획서가 규정 기준을 맞추면 CDC/PMIS는 조건부 투자 등록증명서를 3일 이내에 발행

▼

③ CDC/PMIS는 신청자를 대신하여 관련 성 또는 청으로부터 28일 이내에 모든 라이센스를 취득

▼

④ CDC/PMIS의 최종 등록증명서 발행, 조건부등록증명서 발행에서 28일 이내에 발행

▼

⑤ 최종 등록증명서 발행일이 QIP 시작일이 됨

특정분야 우대조치

농업용 원재료 및 기계를 대상으로 수입관세를 면세하고, 부가가치세의 정부부담제도가 있다. 농업과 농업가공분야의 QIP는 법인세 면제제도로부터 3년간 우선기간을 인정한다. 봉제업의 수입생산재는 최종 제품이 수출될 경우 부가가치세가 면제된다. 또한 봉제제품, 섬유제품, 신발제품의 수출을 지원하는 소재산업의 수입원자재에 대해서도 VAT 면제 등 특정분야의 투자우대조치가 인정된다.

외환 및 귀금속 수출입제한

1만 달러 이상을 해외로 송금할 경우 캄보디아 국립은행에 신고해야 한다. 금이나 연마하지 않은 보석, 기타 귀금속을 수출입하는 경우에도 국립은행에 신고해야 한다.
여행자가 1만 달러 이상에 해당하는 각국의 통화를 반출입할 경우에는 세관신고가 의무화되어 있다. 그리고 거주자와 비거주자가 은행을 통해 금전을 주고받을 경우는 자유롭다.

적격프로젝트의 송금

적격프로젝트(QIP)에 대한 투자 시 발생한 수입대금, 국제차입원금, 이자변제, 로열티 및 경영관리비 지불, 이익송금, 기업 해산의 경우 투자자금 송금 등 채무변제의 경우 투자자가 은행을 통해 외화를 구입하여 자유롭게 국외에 송금할 수 있도록 보장되어 있다.

무역 · 통관에 대한 제도

현행 세무제도는 세법개정에 관한 법률(2003년)에 규정되어 있다. 무역업에 관한 성령(2000년)에 따라 상업성에 등기한 기업은 자유롭게 무역업을 할 수 있다. 또한 세관법(2007년)에 수출입 상품에 관한 관세나 기타 세금의 관리와 징수하는 권한을 행정기관에 부여하여 물자의 수송, 보관 및 통관 관리규제, 밀수방지, 캄보디아 정부의 국제적인 통상정책 참가, 통관수속도 정해져 있다.

수출입

모든 수출입 상품은 세관사무소에 신고할 의무가 있다.

관세분류 · 통관 · 관세면제

- 관세분류, 원산지, 관세 등은 통관가격을 기재하고 세관확인 후 증명된다.
- 세관이 통관가격을 증명하기 위해 정보 공개 의무가 있다.
- 세관은 신고 등록일로부터 3년 이내에 수입화물 검사를 하고 통지한다.
- 부정이 신고일로부터 10년 이내에 발견된 경우 추가관세나 벌금을 지불해야 한다.
- 수출입 목적에 따라 화물이 분류되며, 관세는 관세표에 따라 계산된다.
- 수입 시 화물의 원산지에 따라 관세가 과세된다.

면제조치

- 면제조치
  통과나 옮겨 싣기 위해 반입된 화물, 일부 법령에 정해진 수입화물,
  외교관, 국제기관, 외국정부의 기술원조기관의 화물

- 일부 면제조치
  농업용 모종, 번식용 동물, 일시 수입화물, 일부 법령으로 정한 화물
  및 원재료

통관신고 및 세관보관

모든 수출입화물은 통관을 마쳐야 하며, 수입업자는 관세를 지불해야
한다. 세관, 보세창고에 보관 시 사업자는 수입관세를 지불할 의무가
있다. 서류나 신고에 문제가 있으면 통관수속은 일시적으로 보류되
며, 세관의 지시에 따라 화물을 보관한다. 보관기간 동안에는 세금이
부과되지 않는다.

수출입 수속

전자통관시스템에 따라 새로운 통관신고서인 단일관리서류(SAD)와
무역관련 신청, 통과, 검사가 적용되어 통관에 필요한 평균시간은
수출이 4.3일, 수입은 5.1일이 소요된다.

캄보디아 토지확보

캄보디아 헌법 제44조(1993년 제정), 투자법 제16조(1994년 제정)에 의하여 외국기업 및 외국인은 캄보디아에서 원칙적으로 토지를 소유할 수 없도록 되어 있다. 단, 캄보디아 국민이 51%의 지분을 가지고 있는 합작투자 법인의 경우에는 토지소유가 가능하며 캄보디아에 귀화하여 국적을 취득한 경우에도 부동산 구입이 가능하다.

한편, 외국인은 장기 임차 및 토지 사용권 획득이 가능하며 임차기간은 최장 70년으로 연장할 수도 있다. 캄보디아 투자법에 수출 의무를 규정하고 있지는 않으나 대부분의 산업분야에서 생산량 중 일정 비율 이상을 수출한다는 조건으로 투자 승인이 되고 있으며, 생산량의 80%를 수출하는 경우 수출세 면제, 원자재 수입관세 면제 등의 혜택을 받을 수 있다.

외국기업의 토지사용방법

① 캄보디아 국적 기업 또는 개인으로부터 임차
② 경제특별구역에 입주
③ 캄보디아 국적 기업 또는 개인과 합병기업을 설립하여 회사 명의로 토지를 구입한다. (단, 외국 측 출자비율은 49%까지이다)
④ 캄보디아 정부로부터 임차
⑤ 캄보디아 국적 취득
⑥ 캄보디아 사람과 결혼하여 배우자의 토지를 사용

캄보디아 투자의 문제점

① 전력이 부족하여 전기요금이 비싸고 전력공급이 안정적이지 못하다. (현재 태국과 베트남 등에서 수입하여 사용하고 있다)
② 숙련된 노동자와 교육수준이 높은 노동자가 부족하다.
③ 행정이 불투명하여 투자에 어려움이 있다.
④ 주요 간선도로 등 인프라 정비가 안되어 있다.

캄보디아의 투자법 시행령에 따른 투자제한 5개 업종

① 마약을 비롯한 향정신성 물질 제조와 가공
② 화학 물질을 이용한 독극물, 살균제·살충제, 세계보건기구나 국제 규정에서 금지하는 기타 국민건강과 환경에 영향을 주는 물질 제조
③ 외국에서 수입된 폐기물을 이용한 발전과 처리
④ 산림법이 금지하는 산림자원 개발
⑤ 법에서 금지하는 투자 행위

투자인센티브

1994년 캄보디아 정부는 수상 직속으로 CDC 즉, 캄보디아 개발위원회(Council for the Development of Cambodia)를 설치하여 신규투자신청에 대한 One-Stop Service 차원에서 국내외 투자자들에게 투자 관련 각종 정보를 제공하고 인센티브 승인 여부를 검토하고 있다. CDC는 주요 관세 및 세금 명제를 승인할 권한을 가지고 있으며 기업 등록, 비자 및 고용허가 등 외국인 투자자에게 구체적인 경제적, 사회적, 정보를 제공하고 외국인에 대한 투자 제한은 없다.

캄보디아에서 투자인센티브를 받을 수 없는 투자 분야는 46개이며, 관세 면제를 받을 수 있으나 법인세 면제를 받을 수 없는 분야는 2개이다. 법인세 면제와 수입 관세 면제를 비롯한 투자 인센티브를 받을 수 없는 주요 투자 프로젝트는 무역업, 운송서비스업, 면세점, 음식점, 상점, 노래방, 바, 마사지클럽, 매스컴 관련 산업, 도·소매업, 기타 전문 서비스업이다. 수입 관세는 면제받을 수 있지만 법인세 면제가 불가능한 분야는 통신기본서비스, 천연가스·유전 개발, 광물자원 개발과 유전개발활동에 대한 공급이다.

캄보디아 개발위원회(Council for the Development of Cambodia)의 투자 승인은 제3자에게 양도하거나 빌려주는 것이 금지되지만 해당 투자프로젝트를 양도하거나 인수 합병이 가능하다. 프로젝트를 양도하거나 인수·합병할 경우, 미리 캄보디아 개발위원회에 서면 신청하여 승인을 받아야 한다. 법적인 절차 없이 기업을 해산하려는 경우, 투자자는 모든 채권과 채무를 해결한 사실을 경제재정부에 증명해야 한다. 투자자는 기업 해산 승인을 받은 후 잔여 장비나 자산을 해외로 이전하거나 캄보디아 기업에 매각할 수 없다. 사용년도가 5년 미만의 면세 수입된 기계와 기기는 해당 수입 관세를 납부한 후에 처분할 수 있다.

과실송금

캄보디아 중앙은행이 제정하고 공포한 관련 법 및 규정에 따라 외국인투자자는 은행을 통하여 외환을 구입할 수 있으며, 투자와 관련된 제반 재무적인 의무 사항완료 후 아래 내용에 대해서는 아무런 제약 없이 외국으로 송금할 수 있다.

- 수입 대금 지급
- 국제 차관에 대한 원리금 상환

- 로열티 및 관리자 경비의 지급
- 이익의 송금
- 일정 조건에 부합한 투자 자본의 송금

투자유치 관련 법규

1989년에 처음으로 외국인 투자법이 채택되었으며, 이 법은 44개의 대략적인 조항만을 포함하고 있다. 이후 1994년 8월 국회를 통과하여 개정된 캄보디아 외국인 투자법은 인근 동남아 국가와 비교하여 가장 경쟁력 있는 투자법으로 인식되고 있다. 이를 근거로 투자 승인 기업체에 대한 법인세 9% 부과 및 8년간 과세 면제, 원자재 및 생산 설비 수입 관세 면제, 이윤 송금 자유화 등이 있다. 캄보디아 투자법에 의하면 투자 관련 모든 사항은 CDC에 위임하여 투자 서비스 제공 및 투자 승인과정을 단축시키고 있다.

투자우대제도

금융상의 특별 우대는 없으나 세금제도 측면에서 집중 우대하며 외환 송금에 대하여 제약이 전혀 없는 특혜를 부여하고 있다. 우대제도 내역은 다음과 같다.

- 법인세 9% 부과
- 프로젝트 성격, 정부 우선 사업 분야 투자 시 최장 8년간 법인세 면제
- 다음 용도에 쓰이는 건설 자재, 생산수단, 장비, 중간재, 새로운 원자재 및 부품에 대하여 수입관세 100% 면제
- 최소한 생산품의 80%를 수출하는 수출산업

- 특별진흥구(SPZ)내의 공장 보유 기업
- 관광산업, 고용창출산업, 임업, 가공 산업, 농업, 기간산업, 에너지산업
- 배당금, 이익금 국내외 지급 불문 비과세
- 외국 국적 근로자 고용 가능
- 완성품에 한해 수출세 100% 면제

현지 투자형태

투자형태는 100% 단독투자, 현지기업과 합작(일반적으로 51%:49%) 등 진출기업 내부의 방침에 따라 다르겠지만 캄보디아 진출 시 단독과 합작투자의 경우 의사결정에 있어 다음과 같은 점을 고려해야 한다. 첫째, 현지 투자 시 토지를 구입할 것인가의 여부는 현행 캄보디아의 헌법 및 관련 법상 외국인의 토지 소유는 금지되어 있다. 새로이 설립될 합작법인의 지분 중 현지인이 51%를 투자하게 되면 법인 명의로 토지 구입 소유가 가능하다. 이러한 경우 현지인에게 명의를 빌리고 서류상만 지분을 인정하는 형태로 합작법인을 설립하기도 한다. 둘째, 투자 후 완성된 생산품을 제3국으로 수출할 것인지 아니면 내수시장을 목표로 할 것인지 여부를 결정해야 한다. 캄보디아에 투자한 후 생산제품을 제3국 수출에 전념할 경우 현지인 파트너의 기여도는 거의 기대할 만한 수준에 미치지 못한다. 대부분의 현지 파트너들은 노동력 동원, 작업감독, 토지제공 등으로 많은 기대를 하기 어려운 국가이다. 오랫동안 사회주의 및 낙후된 경제체제 하에서 활동해 왔기 때문에 마케팅 능력이나 경영마인드가 거의 형성되어 있지 않고, 우리나라의 발전상을 듣고 심리적으로 의지하려고 하는 경우가 많다. 또한 생산제품을 제3국에 수출하는 것을 목적으로 할 경우에 특별한 사유가 없으면 현지인과의 합작하는 것은 필요가 없으며 오히려 향후 소유권

분쟁으로 인하여 불화 원인으로 발전될 소지가 있다.

셋째, 현지 마케팅 능력이나 토지제공 여부에 대한 기대 심리는 앞에서 언급한 것과 같이 현지 파트너의 매니지먼트 능력은 국내에서 기대하는 정도에 미치지 못하기 때문에 대부분 단독투자를 원하고 있다. 한편 토지의 경우 캄보디아는 토지공급이 거의 무한대에 가까울 정도로 풍부하며, 최장 70년까지 저렴한 가격에 장기임대가 가능하므로 우리나라와 같이 소유의 개념에 집착할 필요성은 없다. 물론 지가상승이 지역에 따라 있는 편이지만 지가가 상승되었다 하더라도 환금성이 다른 국가보다 느리다는 점도 참고해야 한다.

현지 파트너선정

캄보디아에 진출한 대부분의 외국인투자기업은 현지 파트너의 수준이 낮기 때문에 캄보디아 기업과 합작투자 하는 것을 기피하고 100% 단독투자를 선호하고 있다. 투자기업에 맞는 현지 파트너 선택은 투자규정이나 투자법 등 명문화된 법에서는 도움을 받을 수 없는 사항으로 투자자의 경험과 통찰력이 필요하다.

현지 파트너의 선정 과정에서 첫 단계는 누가 또는 어느 기관이 의사결정 권한을 갖는지를 파악하는 것으로 캄보디아와 같이 경제사회 구조가 급격히 변화하는 국가에서는 의사결정 권한이 유동적이기 때문에 이러한 점이 파트너 선정의 핵심이 된다. 현지에서 금융조달 가능성은 매우 희박하며 현지인의 대다수는 현금투자보다 토지 등 현물투자를 희망하고 있지만 적절한 토지가격 산정 등이 큰 난제이다. 그리고 현지 파트너 대상자 중에는 권력층에 가깝다거나 친인척 관계를 내세우는 등 비즈니스의 외적능력을 제시하는 경우가 많은데 비즈니스 경험이 없기 때문에 특히 경계해야 할 대상이다.

캄보디아는 국가에서 운영하는 산업공단은 전무하다. 프놈펜을 중심으로 위치한 산업공단은 민간이 개발하여 외국기업에 임대해 주는 임대공장 수준이며 엄밀한 의미에서 공단이라고 할 수 없다. 이들 수출가공구는 정부가 간접적으로 지원해 주고, 실제로 공단개발 및 운영은 민간이 맡아서 하는 형태이기 때문에 우리나라의 수출산업공단 개념과는 다소 차이가 있다.

캄보디아에서 경제특별구가 검토되기 시작한 것은 1960년부터로 2005년 12월에 본격적으로 경제특별구제도가 도입되어 경제특별구제도를 관리하기 위한 캄보디아 경제특별구위원회가 새롭게 발족되었다. 경제특별구의 기본적인 개념과 특징은 ①모든 산업과 관련활동으로 경제개발을 목적으로 하는 특별한 지역을 일반공업구역 및 수출가공구역을 칭함 ②명확한 위치와 지리적인 경계를 가진 50ha 이상의 토지를 소유할 것 ③수출가공구역, 자유상업지역으로 울타리를 칠 것 ④관리사무소를 설치하고 필요한 인프라가 공급될 것으로 되어 있다.

캄보디아 개발위원회
(CDC : Council for the Development of Cambodia)

캄보디아의 부흥, 개발, 투자활동에 대한 관리 감독하고 One Stop Service를 제공하는 기관으로 모든 부흥, 개발, 프로젝트활동에 대해서 평가와 의사 결정을 하고 있다.(투자법: 1994년 8월, 개정투자법: 2003년 3월)

적격투자프로젝트
(QIP : Qualified Investment Projects)

투자허가는 투자자 및 투자기업에 대해서 발급을 하는 것이 아니라
투자프로젝트 대해서 발급되고, 투자허가를 받은 프로젝트는 적격투
자프로젝트라고 불리며, 우대조치가 자동적으로 부여된다.

경제특별구(SEZ)의 정의

① 면적 50ha 이상
② 경제특별구 관리사무소의 설치
③ 인프라공급(전력, 급수, 하수, 배수처리, 환경보호 등)

경제특별구(SEZ) 입주기업투자 우대조치

① 법인세 면제(일반기업 20%) 또는 특별상각(세법 13조 규정)
② 조업개시(Trigger Period) + 3년간 + 우대기간(Priority Period)
  (최대 9년, 경공업은 최대 8년)
③ 조업개시(trigger period)는 최초로 이익이 발생한 년도
④ 우대기간(priority period)은 예산법규정의 투자금액과 업종에 따라
  최대 3년, 경공업은 최대 2년까지
⑤ 수입관세(0%, 7%, 15%, 35%)
  수출가공형QIP(원재료, 건설자재, 생산설비는 수입관세 면세)
  국내시장형QIP(건설자재, 생산설비는 수입관세 면세)
⑥ 부가가치세(10%)
  수출가공형QIP(원재료, 건설자재, 생산설비는 수입관세 면세)
  국내시장형QIP(건설자재, 생산설비는 수입관세 면세)

경제특별구(SEZ)외 입주기업투자 우대조치

① QIP 유형에 따라 수입 시 10% 지불하고, 수출 시 환불
② 세법상 환불이라고 기재되어 있으나 수속이 복잡하여 환불되지 않는 경우가 많음
③ 경제특구내 입주기업(QIP 유형에 따라 수입 시 면세)

우대조치 적격조건(QIP)

① 수출산업에 100%제품을 공급하는 소재산업(10만달러 이상)
② 피혁제품, 금속제품, 전기전자기구, 사무용품, 완구, 스포츠용품
③ 바이크 및 부품, 악세서리, 도자기제조(30만달러 이상)
④ 식품, 음료, 섬유산업을 위한 제품, 의류봉제, 섬유, 신발, 모자, 비목재가구, 종이 및 종이제품, 고무, 플라스틱제품, 상수도공급, 수출용 수산물냉동 및 가공, 수출용곡물류 및 가공품(50만달러 이상)
⑤ 쌀(1,000ha 이상), 야채(50ha 이상), 기타 환금성작물(500ha 이상), 산림(1,000ha 이상)
⑥ 화학제품, 시멘트, 농업용 비료, 석유화학제품, 현대 약제조(100만달러 이상)
⑦ 근대적인 마켓, 무역센터건설(200만달러 이상)
⑧ 기능개발, 기술향상을 위한 교육기관(400만달러 이상)
⑨ 국제무역전시센터, 회의장(800만달러 이상)

우대조치 비적격조건(QIP)

① 모든 상업 활동, 수출, 수입, 도소매업, 면세점
② 수로, 도로, 공로에 의한 운송서비스(철도제외)
③ 레스토랑, 노래방, 관광서비스, 카지노, 도박성 비즈니스, 은행, 금융기관, 보험, 방송 비즈니스(라디오, TV, 신문, 잡지 등), 전문 서비스
④ 50ha 이하의 호텔, 테마파크, 스포츠시설 등 복합오락시설, 3성급 이하의 호텔, 부동산개발, 창고업 등

기타 투자제한 사항

① 외국인은 부동산 투자를 제외하고는 투자제한 분야는 없음
② 수입관세는 면세대상이 되지만 법인세 감면대상이 되지 않는 업종으로 통신, 석유, 가스, 광물자원탐색사업이 있음

민간투자금지분야

① 정신제 및 비합적 양제조 및 가공
② 국제규약이나 세계보건기구에 금지되어, 건강 및 환경에 영향을 미치는 독성 화학품, 농업용 살충제
③ 외국에서 수입한 폐기물을 사용한 전력가공 생산
④ 산림법에 금지되어 있는 산림개척사업
⑤ 기타 법에 금지되어 있는 투자행위

노동집약적 산업, 수출가공형산업, 농업 및 농산물가공업, 광물자원
및 에너지산업, 인재육성사업

캄보디아 이야기

비즈니스매너

- 화내면 안 된다.
  캄보디아인은 자부심이 강하기 때문에 아무리 부하가 실수를 했다하더라도 제3자의 앞에서 소리를 지르고 화를 내면 안 된다. 왜냐하면 주위로부터 신뢰를 잃어버리기 쉽기 때문이다.

- 연장자를 존경한다.
  캄보디아문화는 연공서열 관계가 강하다. 상대의 입장과 직업에 상관없이 연장자에게 경의를 표시하는 것이 대단히 중요하다.

- 스킨쉽은 피한다.
  문화와 종교의 관습으로 인해 신체접촉은 피하는 것이 좋다. 특히 주의해야 할 것은 머리를 만지는 행동이다. 이성인 부하에게 스킨쉽은 인사라고 해도 안된다.

경제특별구(SEZ)

Phnom Penh SEZ

주 소	Khan Dangkao, Phonm Penh and Ang Snuol District, Kandal Province-18km from Phonm Penh
면 적	360ha 1st phase:141ha (Completed) 2nd phase:162ha (Construction started from January 2011) 3rd phase:57ha (Living area)
시설현황	도로, 관리건물, 전력, 급수, 배수처리, 전기, 통신

Neang Kok Koh Kong SEZ

주 소	Neang Kok Village, Pakkhlong Commune, Mundul Seyma District, Koh Kong Province-5km from Thai border
면 적	335.43ha
시설현황	도로, 급수, 울타리, 관리건물, 배수처리, 태국으로부터 전력공급

Suoy Chheng SEZ

주 소	Neang Kok Village, Pakkhlong Commune, Mundul Seyma District, Koh Kong Province-5km from Thai border
면 적	100ha
시설현황	미완성

S.N.C SEZ

주 소	Sangkat Bet Trang, Khan Prey Nob, Preah Sihanouk Province
면 적	150ha
시설현황	미완성

Stung Hav SEZ

주 소	Sangkat Bet Trang, Khan Prey Nob, Preah Sihanouk Province
면 적	196ha
시설현황	미완성

N.L.C SEZ

주 소	Phum Prey Phado abd Phum Thlok, Khum Chrok Mtes, Srok Svay Teab, Sray Rieng
면 적	105ha
시설현황	미완성

Manhattan SEZ

주 소	Bavet Commune, Chantrea District, Svay Rieng Province-6km from Vietnam border on National Road No.l1
면 적	180ha
시설현황	도로, 급수, 울타리, 관리건물, 배수처리, 베트남으로부터 전력공급

Poi Pet O' Neang SEZ

주 소	Poipet Commune and Nimit Commune, O' Chhrov District, Banteay Meanchey Province
면 적	467ha
시설현황	전기

Goldfame Pak Shun SEZ

주 소	Sa Ang District, Koh Kong Province
면 적	80ha
시설현황	미완성

Sihanoukeville SEZ 2	
주 소	Pou Thoung Village, Betrang Commune and Smach deang Village, Ream Commune, Prey Nop District, Preah Sihanouk Province
면 적	1688ha
시설현황	도로, 관리건물, 전력, 통신, 급수, 배수처리

Sihanoukeville port SEZ	
주 소	Tomnop Rolok Area, Sangkat Lek1 and Lek3, Sihanoukeville City, Preah Sihanouk Province-Adjoining Sihanoukville Port
면 적	70ha
시설현황	도로, 관리건물, 전력, 급수, 배수처리, 통신, 종업원 기숙사

주 : 2014년 기준

고용원칙

캄보디아의 노사관계, 고용, 노동조건 등은 헌법 및 노동법에 정해져 있다. 이전의 사회주의적인 법을 많이 수정하여 현재는 자유주의적이고 노동자나 조합의 권리를 존중한 것으로 되어 있다.

① 크메르시민은 남녀 동등하게 자기의 능력과 사회의 필요성에 따라 어떤 일이라도 선택할 수 있는 권리를 가진다.
② 크메르시민은 남녀 동등하게 동일노동에 대해서 동일임금을 받을 권리를 가진다.
③ 크메르시민은 남녀 동등하게 노동조합을 조직하고, 조직원이 될 수 있는 권리를 가진다.
④ 노동조합의 조직과 행동은 법에 의해 정해져 있다.

⑤ 노동운동권리 및 비폭력적인 데모는 법에 의해 정해진 범위에서 이행된다.

⑥ 모든 여성차별은 철폐되어야 하며, 고용관계에서 여성갈취는 금지되어 있다.

⑦ 여성은 임신에 의해 직업을 잃을 수 없다. 여성은 완전유급에 의한 출산휴가를 가질 권리를 가지고 있으며, 근속연수나 사회적 특전을 잃지 않는다.

⑧ 국가나 사회는 농촌에서 충분한 사회적 지원을 얻지 못하고 생활하는 여성에 대해서 기회를 주어야 한다.

⑨ 고용은 유기계약(계약기간은 2년으로 갱신횟수에는 제한이 없고 2년 후에는 무기한계약으로 이행됨)과 무기한계약으로 나눈다.

고용 · 급료

외국기업의 현지 근로자 채용은 노동법이 정하는 필요한 서류만 갖추면 아무런 제한을 받지 않는다. 저임금노동력은 풍부하나 노동생산성은 베트남과 비교하여 다소 떨어지며 숙련공 부족이 심각하다.

① 법적 근로 연령은 18세이다.

② 외국인 고용도 사전 허가를 요구하지만 주변 국가와 비교하여 상당히 자유롭다. 하지만 기술, 관리 등 면에서 고급 인력을 구하기가 어렵다.

③ 캄보디아 인력으로 충당할 수 없는 전문인력 채용은 노동성에서 발급하는 Work Permit을 받고, 이를 토대로 내무성에 Work Permit, 여권 사본, 관련 자격증, 증명서 등을 제출하여 장기체류 비자를 받을 수 있다.

④ 외국인 고용 비율은 10%가 상한선이나 이를 초과해야 하는 경우 합당한 사유가 있으면 노동성에 요청할 수 있다. 2011년 캄보디아의 최저임금은 61달러였으나, 2012년 1월부터 총리 특명으로 5달러가 인상되어 66달러가 되었고, 2012년 9월부터 사용자는 노동자에게 매달 숙박 및 교통지원금을 7달러 지급하고, 기존 7달러의 만근수당은 3달러 인상된 10달러를 지급해야 한다. 기숙사나 셔틀버스를 운영하고 있는 사업장의 경우 상기 지원금을 지원하지 않아도 된다.

최저임금

캄보디아의 2016년 최저임금은 140달러로 전년도와 비교하여 9.4% 상승하였다. 2017년에는 9.3%가 상승하여 153달러이다. 2012년 66달러와 비교하면 2017년에는 2.5배나 증가한 금액이다. 매년 최저임금이 상승하고 있어 외국인투자기업은 부가가치가 높은 제조공정을 태국으로부터 도입하여 최저임금이 상승하더라도 이익이 발생할 수 있도록 노력하고 있다.

캄보디아의 노동성에 의하면, 2016년 노사분규 건수는 220건으로 2015년 336건보다 34.5%가 감소하였다. 이러한 원인은 노동조합법과 국민사회보험기금 도입에 있다.

섬유(봉제)산업의 직종별 월 최저 임금은 일반적으로 다음과 같으나 매년 임금이 상승하고 있다. 캄보디아 정부는 2014년 4월 최저 임금을 5년간 단계적으로 늘리는 계획을 발표했다. 제1단계로 2014년 4월 현재 월 80달러에서 95달러로 19% 증액하고, 매년 12~16%씩 단계적으로 인상시켜 2018년에는 160달러로 한다는 내용이다.

- 미숙련공(60달러)
- 숙련공(70~80달러)
- 조장(70~80달러)
- 기술자(150~300달러 이상)
- 일반사무실 직원(120~200달러)
- 관리자(250~500달러)
  * 임금은 매년 변동 있음

추가비용

① 개근수당(10달러, 2012년 9월부터 의무화)
② 거주통근수당(7달러, 2012년 9월부터 의무화)
③ 재해보험(0.8%, 상한 2달러까지)
④ 보너스(일반적으로 1개월분)
⑤ 장기근속수당(2년 근속 2달러, 이후 1달러, 11년 근속 11달러까지, 2011년 3월부터 의무화)
⑥ 잔업 식사비수당(2,000리엘 또는 식사지급, 2011년 3월부터 의무화)

▌국가별 평균 임금 ▌

국명	지역	금액($)	상승률
미얀마	전체	83.6	–
라오스	전체	109.4	–
캄보디아	전체	140.0	9.04%
베트남	하노이	156.1	12.9%
인도네시아	자카르타	222.6	14.8%
태국	방콕	247.9	–

국명	지역	금액($)	상승률
말레이시아	말레이반도	228.4	15.0%
필리핀	마닐라	261.0	–
중국	상해	306.9	–

주 : 30일 기준

세금종류

① 법인소득세(20%, 투자특전으로 0%세율이 적용되는 경우 제외)
② 최저과세(연간매출의 1%, 면세기간 중 QIP를 제외하고, 법인소득
　세가 연간매출의 1%를 넘을 경우에는 법인소득세만 지불)
③ 개인소득세(0~125달러는 0%), (~313달러는 5%), (~2,215달러
　는 10%), (~3,125달러는 15%), (~3,125달러는 20%)
④ 부가가치세(10%)
⑤ 원천징수세는 보통예금이자(4%), 정기예금이자(6%), 동산·부동
　산 임대수입(10%), 서비스료(15%)
⑥ 특허세(연간 300달러)
⑦ 특별세는 125cc 이상 이륜차(10%), 2000cc 이상 사륜차(30%), 항
　공권(10%), 통신비(3%), 휘발유(30%), 음료(20%)
⑧ 자산 양도세(4%)
⑨ 수입관세(0%, 7%, 15%, 35%)
⑩ 수출관세(0%, 10%)

초과 근무 수당

① 주중 초과 근무는 시간당 정상 급여의 150%
② 주중 야간 초과 근무는 200%
③ 주말 및 공휴일 근무는 200%
④ 주말 및 공휴일 야간 근무는 300%

견습기간 임금

2개월 이내의 견습기간에는 월 30달러의 임금을 적용할 수 있다. 견습 종료 후 3개월 이내의 테스트 기간에는 월 40달러를 적용하며 테스트 결과 적합하지 않다고 판정되면 아무런 보상 없이 채용하지 않을 수 있다. 월 60달러의 최저 임금은 테스트 기간을 통과한 고용원에게만 적용된다.

퇴직금은 노동법에 따라 노동계약에 따르며, 정해져 있지 않으면 계약기간 중의 임금 총액의 5%를 지불하도록 되어 있다.

근무시간

월요일부터 토요일까지 주 6일 근무를 원칙으로 하며, 노동시간은 1일에 8시간 또는 1주일에 48시간으로 되어 있다. 공장의 일일 근무시간은 기업의 사정에 따라 다르나 일반적으로 08:00~12:00 및 13:00~17:00이다.

유급 휴일 · 휴가

근로자는 일요일 또는 노사합의가 있을 경우 다른 요일에 하루를 쉴 수 있으며 캄보디아 정부가 정한 공휴일은 휴일로 한다. 그러나 성수기에는 대부분의 공장들이 작업을 하며 이에 대해서는 휴일 수당을 지급하고 있다. 1년 이상 개근한 근로자는 18일간의 연차 휴가를 가질 수 있으며, 여성에게는 90일의 유급 임신 휴가가 주어지고 최초 2개월간은 가벼운 일을 시켜야 한다. 특별 휴가로 피고용자의 직계가족에 사고가 있는 경우 최장 7일간 휴가를 부여한다.

작업장 안전

① 적절한 조명, 과도한 소음 방지, 먼지 및 악취 환기
② 음료 공급, 화장실 구비, 탈의실 설치
③ 위험 물질 보관 장소 설치
④ 작업복 및 안전 장비 무료 지급
⑤ 위험 장소에 대한 차단막 설치, 화재경보기, 누전 대비

사회보장 기금

고용주는 환경보호, 노동자의 안전, 작업자의 위생에 필요한 조치를 취해야 하며 아울러 캄보디아 노동법의 규정에 따라 고용원의 사회보험 비용을 납부해야 한다.
고용주는 노동자를 경제적, 사회적, 기술적으로 보호할 책임을 지는데 고용주와 근로자는 사회보장 제도 규정에 따라 급여의 일정 비율을 사회보장 기금으로 납부한다.

노동조합

개황

캄보디아 노동조합은 노동법 규정에 따라 최소 8명을 상시 고용하는 모든 기업이나 단체는 노동자 대표로서 조합대표위원을 선출할 필요가 있다.

① 캄보디아 노동법은 근로자의 노동조합 결성권을 명시하고 있으며 기업은 노조활동을 보장해야 한다.
② 캄보디아의 노조는 7개의 전국 규모 노조와 각 직장별 노조로 대별되는데 직장 노조는 근로자 대표 위원회로 명명된다.
③ 노조의 성향은 근로자 대표 위원회가 사용자 측에 협조적인 반면 연합노조는 급진적인 성향을 보이고 있으며, 근로자들은 이들의 선동에 취약한 면을 보이고 있다.
④ 이 외에도 봉제·신발 분야에 28개 연합노조가 있고, 건설에 5개 연합노조 등이 있다.

노동자 대표위원회

① 8명 이상의 근로자를 고용하고 있는 모든 기업은 근로자 대표위원회를 구성해야 한다.
② 근로자 대표는 3년 임기로 근로자들에 의해 선정된다.
③ 근로자 대표 보조위원의 비율은 종업원 수 및 업종에 따라 별도로 정한다.

연합노동조합

전국 규모의 노동조합은 노동부에 등록함으로써 결성할 수 있다.

노동파업권

① 중재결정을 거부하는 경우에는 분쟁 당사자가 분쟁을 일으키는 권리가 보장된다.
② 분쟁평의회가 노동법에 규정되어 있는 기간 내에 연락을 하지 않는 경우도 노동운동 행사를 할 수 있다.

파업사전통보

파업은 사전에 통보를 필요로 하기 때문에 기업이나 단체 또는 노동성에 활동을 제출해야 한다.

파업방법

파업은 폭력적인 행위가 아닌 평화적인 행위를 요구하고 있다.

파업원인

① 임금지불문제　　② 강제잔업
③ 임금상승과 수당요구　④ 부당해고
⑤ 노동법위반

파업발생대책

노동성산하 중재위원회에 중재를 신청하는 것이 좋다. 중재가 없으면 수습하기가 어려워 심각한 사태에 이른다.

해고 및 퇴직

① 합법적 해고의 조건
  • 근로자의 업무 수행 능력 결여
  • 건강상의 이유로 노동이 불가능할 때
  • 경영 합리화를 위한 고용 규모 감축

② 사전 통보 기간
  • 종신 계약의 경우 숙련공일 때는 45일 전, 미숙련공일 때는 15일전 사전 통보가 필요하며, 사전에 통보를 하지 않으면 규정되어 있는 사전통보기간에 해당하는 임금을 지불하는 경우가 발생할 수 있음
  • 고용 기간이 확정되어 있는 계약의 경우 15일 전 통보

③ 퇴직금
  • 사전 통보 기간에 대한 급여는 당연히 지불해야 함
  • 퇴직금은 직종 및 근무 기간에 따라 최소 7일치에서부터 최대 6개월치 급여를 지급함 (단, 해고의 사유가 근로자의 중대한 과실일 경우 지급 불가)
  • 불법 해고로 판정되면 정상 퇴직금보다 많은 금액을 지불해야 하며 복직 또는 다른 직장을 알선해야 함

노무대책

① 분쟁원인
- 임금체불, 강제잔업, 임금인상 및 수당요구, 부당해고, 노동법위반 사항이 있을 때 발생한다.

② 분쟁이 발생했을 경우
- 노동성산하 중재위원회에 중재를 요청하는 것이 좋다. 중재가 없으면 수습이 안 되어 심각한 사태가 발생할 수 있다. 따라서 노동법의 적절한 이해와 노동자에게 임금체계를 설명하고 복리후생을 통해 노사가 협조하여 분쟁을 사전에 방지하는 것이 좋다.

사회보장 제도

캄보디아는 2011년 기준 1인당 GDP가 812달러 정도에 불과한 세계 최빈국 중의 하나로서 사회보장 제도라고 불릴 만한 제도가 없다. 하지만 정부에서 퇴역군인, 정신지체아, 장애인들에 대해 관리와 지원을 하고 있고, 이는 Ministry of Social Welfare & Labor가 관장하고 있다. 외국인을 위한 사회보장 제도는 전무하다.

외국인 종업원

노동성에서 발행한 노동허가증이나 고용카드가 없으면 외국인 종업원은 취업할 수가 없다. 그리고 종업원에 대해서 고용자는 노동허가를 사전에 받을 필요가 있고 종업원은 합법적으로 캄보디아에 입국할 것, 유효한 여권을 소지하고 있을 것, 거주허가를 받고 있을 것, 전염

병에 걸려있지 않을 것 등의 조건이 필요하다. 위의 문제가 없을 경우 노동성의 허가를 얻어 보건복지부의 법령으로 결정된다. 노동허가는 1년간 유효하고 신청료는 50~100달러이며, 노동성에서 연장이 가능하다.

산업별현황

봉제업

봉제 산업은 캄보디아의 중요한 2차 산업이다. 2013년 11월 현재 캄보디아 봉제협회(GMAC:Garment Manufacturers Association of Cambodia)에 등록되어 있는 업체는 총 590여 곳에 이른다. 최근 중국을 비롯한 아시아 국가들의 임금상승으로 비교적 임금이 저렴한 캄보디아로 공장을 이전하는 사례가 증가하고 있다. 이들 대부분은 중국계공장이며, 한국계 봉제공장도 60사 정도가 진출해 있다. 지역별로 보면 프놈펜지역이 198개 업체로 가장 많고, 다음은 칸달지역으로 51개이다.

1996년부터 미국 및 EU에 의해 부여되는 일반 특혜 관세제도인 최혜국대우와 캄보디아의 수출지향전략에 따라 봉제 산업은 지속적으로 총 수출액의 70~80%를 차지하여 캄보디아 수출산업의 견인차 역할을 하고 있으며, 경제성장에 지대한 공헌을 하고 있다. 봉제 산업에 대한 QIP인가액과 수는 2001년부터 2005년까지 꾸준한 증가세를 보였지만 세계 경기의 불황 영향을 받은 2008년과 2009년에 급격히 감소했다. 2010년에 다시 증가세로 돌아섰고 2011년에는 9월 현재 인가 투자액은 2억 4,275만 달러에 이른다.

캄보디아의 봉제 산업은 주로 대만, 중국, 홍콩 등에서 FDI와 소수의 캄보디아 국내 투자로 인해 지금까지 발전해 왔다. 캄보디아 봉제업 협회(GMAC)에 의하면 주요 수출국은 미국 및 EU로 2010년 미국 수출액은 약 18.2억 달러이고, EU는 7.1억 달러였다. 2011년 대규모 기업 중 60.8%가 섬유 및 의류업체로 40~50만 명을 고용하고 있으며, 섬유 및 의류의 GDP비중은 2002년 9%에서 2011년에는 13%로 상승하였다.

그러나 2013년 말과 2014년 초에 걸쳐 최저임금과 관련하여 대규모의 봉제업 노동자들이 파업에 나서면서 공장기물을 파손하는 등의 과격한 시위와 그에 따른 유혈사태, 군인과 경찰의 과잉진압 등으로 봉제업계에 위기가 찾아왔다는 분석이 나오고 있다. 기존 80달러이던 봉제업 노동자들의 최저임금을 2014년 2월 100달러까지 올려줬지만, 노동조합은 160달러의 최저임금을 요구하고 있고, 정부는 더 이상 최저임금을 인상시킬 계획이 없다며 대립을 보이고 있어 봉제업 성장에 걸림돌로 작용될 가능성이 있다.

EU의 일반특혜관세(GSP) 원산지규정 개정으로 캄보디아 등 최빈국(LDCs) 국가들이 유럽시장 수출 시 관세혜택 범위가 기존 부가가치율 70%에서 30%로 조정됨에 따라, 유럽지역이 주요 수출국으로 자리잡게 되었다. 캄보디아의 EU에 대한 수출 품목은 상위 8개 제품 중 쌀과 자전거류를 제외한 나머지 6개 제품이 섬유·봉제제품으로 섬유·봉제제품이 높은 비중을 차지하고 있다. 전체 봉제 수출은 2016년 1분기 약 30억 달러를 기록해 전년동기대비 9.4% 증가한 것으로 ADB는 밝혔다. 또한 해외직접투자에서도 지난 20년간 가장 많은 투자를 기록하며 제조 산업을 이끌어나가는 견인차 역할을 하고 있다.

신발산업

신발산업은 봉제 산업에 이어 수출 중심의 산업으로 수출규모는 봉제 산업과 비교하면 적은 편이다. 신발산업의 성장은 외국기업의 해외직접투자(FDI)에 의해 이루어지고 있다. CDC의 신발산업에 대한 투자 현황에서 2006년 이후에 해외직접투자(FDI)가 급증하는 이유는 EU에 의한 반덤핑 신청에 따라 생산거점을 중국과 베트남에서 캄보디아로 이전해왔기 때문이라고 볼 수 있다. 그 후 2008년을 제외한 2011년에 이르기까지 신발산업 제품의 FDI는 안정적 투자가 이루어져 2010년 신발산업 수출액은 1억 7,717만달러로 2004년 4,385만 달러와 비교하면 4배 이상 증가했다. 주요 수출대상국은 일본과 EU이다.

그리고 캄보디아의 상업성에 따르면 1997년 이후 52개 업체가 GSP에 등록하였으나 2011년 9월 시점으로 조업을 하는 업체는 39개 업체로 대만계 기업이 23개, 중국계 기업이 5개 등이다. 신발산업은 6만 명 이상의 일자리를 창출하고 있어 대기업의 고용자 가운데 11.5%를 차지해 각 공장의 평균 종업원 수는 1,590명이다.

자동차산업

캄보디아 자본과 중국의 자동차 제조회사인 Beijing Automobile Works가 1,500만달러의 자본금으로 설립한 크메르 Khmer First Car Factory는 2010년에 적격투자프로젝트의 인정을 받고 있다. 이 회사는 현재 프놈펜공장에서 중국으로부터 수입한 부품을 조립하고 있으며 연간 1,000대의 베이징자동차 모델을 판매할 계획이다. 캄보디아 국내 차량의 수요는 계속 증가할 것으로 전망하나 현재 우리나라의 중고차를 많이 수입하고 있는 실정이다.

금속가공

이스턴 스틸(Eastern Steel Industry Corporation)은 일본의 스미토모 상사와 현지 기업의 합작 회사로서 1996년에 특수자원 프로젝트(현재의 적격 투자 프로젝트에 상당)로 등록하고 지붕 자재로 사용되는 아연 철판을 만들고 있다. 이 회사는 냉연 철강재를 수입하여 아연 성형 절단을 거쳐 최종 완성 제품을 제작하고 있다.

전기 · 전자제품

캄보디아는 지금까지 주목할 전기 · 전자제품 제조 회사는 존재하지 않았지만 일본의 미네베아가 미네베아캄보디아를 설립해 2011년 4월부터 프놈펜손 경제특구 임대공장에서 휴대전화 및 기타 전자제품에 사용되는 소형모터의 시험조립을 시작했다. 이 공장은 캄보디아 최초의 모터조립공장으로 향후 제2공장을 건설해 약 5,000명 정도의 종업원 고용을 계획하고 있다.
이처럼 전기 · 전자제품 분야의 갑작스런 투자 붐은 중국, 태국, 베트남의 인건비 상승과 인력확보 문제가 있기 때문이다.

식품가공

식품, 음료, 담배산업의 생산량은 2006년부터 2010년까지 매년 전년 대비 3.3% 이상 지속적으로 상승하여 2010년에는 전체 제조업 15.5%를 차지하였다. 식품제조업체는 동물용 사료제조, 밀가루제조, 설탕과 알코올제조, 맥주 생산 업종으로 구성되어 있다. 캄보디아 경제가 건전하게 발전하여 가계소비가 증가하면 식품 가공분야는 더 빠른 속도로 성장할 것으로 예측된다.

농업 · 어업 · 임업

농업, 어업, 임업 분야의 GDP 비중은 2006년 30.1%에서 2010년에는 33.9%로 상승하였다. 캄보디아는 비교적 넓은 국토와 적은 인구를 보유하고 있어 농업발전에 대단히 좋은 조건을 갖추고 있다. 특히 메콩 강과 그 지류들, 톤렙샵 호수의 풍부한 수자원을 보유하고 있으며 강 주변의 퇴적지대에 양호한 농지들이 분포해 있다. 농업의 중심작물은 쌀로 전체 경작지의 90%를 사용하고 있으며 캄보디아 국민 칼로리 섭취량의 75%가 쌀로 충당되고 있다. 과거 5년에 걸쳐 곡물생산의 착실한 확대가 기여한 것으로 볼 수 있다. 캄보디아의 농업은 캄보디아 경제의 기둥이라고도 할 정도이며 2010년에는 명목GDP의 19%를 차지 했다. 농업의 총 부가가치는 2006년 6.8조 리엘에서 2009년에 약 8조 리엘로 약 17%로 늘어났고, 2010년에는 8.3조 리엘로 늘었다.

캄보디아는 정부 주도의 기술개선 노력과 토지 소유권 확립을 위한 노력, 그리고 관개시설과 정미 시설 개선하기 위한 투자가 있어야 농업 생산성을 향상 시킬 수 있고, 토지소유권 분쟁, 관개시설 미비, 생산성 향상기술 미흡, 농자재 생산 및 수급 미흡, 유통구조 및 농업연구 R&D투자 미흡 등 농업에 대한 전반적인 인프라시설이 미비하여 모든 작물의 생산성이 저조한 실정이다. 프놈펜 외곽에서는 재배지 바로 옆에 운하를 두고도 관개시설이 없어 물을 사용하지 못하는 경우도 있어, 이와 같은 열악한 인프라시설은 농업의 채산성 악화, 생산량 및 농산물 가격의 높은 변동 가능성으로 연결된다.

쌀 이외의 작물로는 슈가팜, 캐슈넛, 등나무, 옥수수, 타피오카, 콩, 사탕수수, 고무, 후추 등이 재배되고 있다. 어획량은 2010년에 민물고기의 어획량이 전체 어획량의 73%를 차지하고 있다. 2006년부터 2010년에 걸쳐 민물고기와 양식업이 각각 4%와 36.6%감소하는 가운데 바다 생선의 어획은 40%증가했다. 천연고무는 장기간에 걸쳐 주요 산업 제품으로 캄보디아의 사회와 경제를 지탱해 오고 있다. 고무 유액과 고무나무 제품의 수출을 통해 지방의 고용과 수입을 창출하고 있다. 천연고무의 장기적인 공급 부족 추세로 캄보디아의 고무농장 면적이 꾸준히 증가해 2010년에는 181,434ha에 이르고 있다. 캄보디아 천연고무의 평균 수출 가격은 여전히 국제시장 가격보다 낮은 수준이다. 이는 캄보디아 제품의 품질이 국제 수준보다 떨어진다고 보고 있고, 또 외국 고객에게 대량으로 제품을 공급하기가 쉽지 않기 때문이다.

요식업 · 숙박업

요식업과 숙박업은 외국인 관광객 수의 증가에 힘입어 2013년 10.7% 성장하였으며, 유럽 발 경제위기의 충격에서 벗어나 2013년 관광수입은 전년 대비 13.6%의 성장률을 보이며 25억 달러를 기록하였다. 2013년 관광객 수는 4,210,165명으로 2012년 동일 기간 대비 17.5% 증가하였으며, 이러한 증가 추세는 계속될 것으로 예상된다.

의약품시장

일부 원조를 제외하고 대부분의 의약품은 수입에 의존하고 있으며, 주요 수입국은 프랑스, 태국, 베트남, 인도, 인도네시아, 한국, 호주 등이다. 연간 4,000만 달러 상당의 의약품이 수입 및 밀수되고 있으며, 공식적인 정부 입찰은 연간 600만 달러 정도이나 일부 의약품은 베트남, 라오스, 미얀마 등으로 역수출(밀수) 되기도 한다. 캄보디아는 반제품 수입 후 포장만 하는 1개 제약사와 단순히 원재료를 수입하여 항생제 정도를 제조하는 4개의 현지 제약회사가 있다.

병·의원 및 약국현황

종합병원은 정부운영 위주이며 일부 외국병원(프랑스, 싱가포르)이 프놈펜을 중심으로 소재하고 있고, 정부가 관장하는 종합병원은 21개 주에 분포되어 있다. 대부분 전문의는 프놈펜의과대학교 및 극소수 프랑스에서 유학한 의사들이며 장비 부족으로 인해 의사들 진료가 낙후되어 있다. 의과대학 7년 과정을 마치고 지방 종합병원의 3년 봉사근무 후 해당 병원장의 추천에 의해 전공과목이 선정되고 보건사회부 심의 후 개인의원 자격이 부여되면 개업할 수 있다.

현재 중국계 한의원도 일부 있으며, 최근 들어 대만 및 중국계 준종합병원이 증가하고 있는 추세이다. 현재 캄보디아에는 심장수술이나 뇌수술, 화상재건, 암수술, 신경수술 등 정교한 의술 혹은 첨단 의료 기구를 요구하는 수술을 할 수 있는 병원이 극소수에 불과하며 가격 또한 상당히 비싸기 때문에 캄보디아 사람들은 위와 같은 치료를 받기 위하여 고소득층의 경우 말레이시아, 싱가포르 등으로 가고, 중산층의 경우에는 태국, 베트남 등에서 치료를 받고 있다.

프놈펜대학교 약학과 출신의 약사는 극소수이다. 대부분 종합병원의 검사실, 약제실 근무하고 있으며, 실제 약국을 개업한 약사는 거의 없는 실정이다. 대부분 약국은 정부에서 주는 허가증을 받고 개업하거나 무면허 약국이 60~70%가 넘고 의약품 판촉은 거의 없는 실정이다. 현재 약사법이 제정되어 있지 않기 때문에 약국이 제대로 정착하려면 상당한 기간이 필요하다. 따라서 약국 숫자의 정확한 집계가 불가능하며 대략적으로 프놈펜시내 약국은 약 200~400개, 지방까지 합쳐 약 3,000~4,000여 개로 추정하고 있다. 일부 비상약은 우리나라 사람이 경영하는 슈퍼에서 구입할 수 있다.

캄보디아는 평균 7% 이상의 경제성장률을 보여주고 있어 캄보디아 국내 의료 수준 역시 향상될 것으로 예상되며, 자연스럽게 의약품 및 의료산업 분야의 수요도 동반 성장할 것이다. 현재 캄보디아에 병원과 클리닉이 설립되면서 의료장비 분야 역시 성장할 것으로 본다. 캄보디아는 인구 1만 명당 의사인력이 2.3명(지역평균 15.2명), 간호 및 조산사 인력은 7.9명(지역 평균 19.5)으로 대부분 수도인 프놈펜에 집중되어 있다. 단기간 내에 자력으로 의료 환경은 개선하기 어려울 것이다.

건설업

부동산 및 건설 산업의 직접투자는 봉제 제조업의 뒤를 이어 최근 20년간 약 29억 달러로, 건설업은 최근 2~3년간 급격한 성장세를 보이고 있다. 봉제 산업은 노동집약적 산업이 발달하면서 여성 노동력이 수도권으로 밀려들고 있으나, 이를 수용할 주거시설이 부족한 상태를 해소하기 위해 단순한 주거시설이 대거 들어서고 있다.

캄보디아의 최근 건설 프로젝트는 대형 주거 단지 및 고층 빌딩이 증가하고 있다. 캄보디아 국토건설부 자료에 따르면 총 건설 프로젝트의 수는 줄어들고 있으나, 투자 금액 규모는 급격히 증가하고 있다. 이는 대형 빌딩, 쇼핑몰 및 거주단지 프로젝트 수의 증가에 기인한다.

2003년부터 2016년까지 건설된 대형 주거단지는 146곳이며, 대부분 프놈펜 인근 지역에 위치하고 있다. 2005년부터 2016년까지 5층 이상 의 고층 건물은 742채가 건설됐고, 2016년 한 해 동안 총 2636건의 건설 프로젝트가 승인되었다. 2016년 8월까지 65곳의 고층 건물 프로 젝트가 진행되고 있다. 외국인 민간투자는 2000년부터 2016년 9월까 지 284개 프로젝트, 약 42억 달러 규모로 많은 수의 대형 건설 프로젝 트가 외국인 투자자금으로 이루어지고 있다.

우리나라 기업의 경우 고급 주거시설, 고급 상업용 건물 개념으로 직접 시행하는 업체가 등장해 부동산 개발에 대한 붐을 조성하고 있는 상황이다. 부동산업의 경우, 캄보디아 상무부의 조사에 따르면 347개의 국제적 기업이 캄보디아 부동산 시장에서 활동하고 있다. 다국적 기업으로는 한국, 중국, 일본 등의 아시아 국가뿐만 아니라 영국, 호주, 미국, 프랑스 등의 국가 기업들도 활동하고 있다.

관광업

관광업은 캄보디아가 육성하고자 하는 중요한 부문 중의 하나이다. 그러나 전반적인 관광업의 급속한 성장에도 불구하고, 관광자원이 많이 개발되어 있지 않다는 단점이 지적되고 있다. 캄보디아 관광부 자료에 의하면 해외에서 캄보디아를 방문의 관광객 수는 2005년 142.2만 명에서 2010년에 250.8만 명으로 매년 급증하고 있다. 해외 관광객의 72.1%는 아시아 태평양지역의 방문자이며, 절반 이상은 아세안 국가의 관광객이 차지하고 있다. 북미는 19.5%, 유럽은 7.9%, 아프리카는 0.2%, 중동관광객은 0.3%이다.

2010년 관광객의 평균 체류 일수는 6.45일이다. 관광객 증가에 따라 호텔 이용률도 2005년 52%에서 2010년에는 65.7%로 개선되어 관광업의 수입도 2005년 8.3억 달러에서 2010년에는 17.8억 달러로 증가했다. 2011년 1~9월에 208.5만 명의 관광객이 캄보디아를 방문했다. 방문객의 50.3%가 공로이고, 46.8%가 육로, 2.9%가 해로로 입국했다. 베트남에서 오는 관광객 수는 2005년에 해외 관광객 수의 상위 10위에 처음으로 들어갔지만 점차 순위가 상승하여 2009년에는 31.6만 명이 캄보디아를 방문해 전체 외국인 관광객 수의 14.6%를 차지하여 최상위에 올랐다. 2010년에도 47.6%증가 하여 46.7만 명으로 전체 외국인 관광객의 18.6%를 차지하였다.

한국인 관광객 수의 점유율은 2008년 266,525명으로 전년도 329,909명 보다 상당히 감소했다. 그 이유는 미국의 금융위기 영향을 받았기 때문이다. 그 후 한국인 관광객 수는 매년 증가하여 2013년 캄보디아를 방문한 한국인 관광객 수는 435,009명이다.

2014년 캄보디아 관광부와 중국 국제여행공사가 중국 관광객 유치 확대를 위한 양해각서를 체결했다. 캄보디아에 방문하는 중국인 관광객은 매년 약 8%의 증가세를 보이고 있다. 2016년 중국인 관광객은 전년대비 14%가 증가한 65만 명을 기록했다. 중국인들의 해외여행 빈도가 증가하는 것과 더불어 캄보디아와 중국 사이의 수많은 직항노선은 중국인 관광객들을 캄보디아로 유인하는 것으로 2020년에는 약 130만 명의 중국인 관광객을 유치할 수 있다고 한다. 중국과 양해각서에 의하면 중국 공사의 지사를 캄보디아에 설치하고 계속적인 투자를 한다고 했다. 캄보디아 정부는 2020년까지 200만 명의 중국인 관광객 유치를 목표로 'China ready전략'을 발표, 중국 위안화를 쉽게 사용할 수 있도록 준비하는 내용이 포함되어 있다.

또한, 태국은 씨엠립과 방콕을 연결하는 새로운 버스노선의 설립과 도로의 건설을 계획하고 있다. 이는 태국 북부지역의 관광 활성화를 위한 것이지만, 씨엠립에서 100km밖에 떨어져 있지 않은 곳으로서 캄보디아와 태국 모두의 관광객을 증가시킬 것을 기대하고 있다. 태국과 관광수요를 공유하기 위해 하나의 비자로 양국을 방문할 수 있는 비자 계획도 발표했다. 일본 ANA항공사가 2016년 9월부터 일본 직항 노선을 취항함으로써 일본 관광객들의 방문이 증가할 것으로 예상하고 있다. 일본인 관광객은 2016년 10월까지 약 15만 명이 캄보디아를 방문하여 전체 방문객 수로는 미국 다음으로 7위를 차지했다. 캄보디아를 입국하는 외국인의 경우 프놈펜은 비즈니스 목적으로 방문하는 사람이 대부분이고, 씨엠립은 대부분이 관광을 목적으로 입국하는 외국인이다.

캄보디아는 전반적인 관광업의 급속한 성장에도 불구하고 관광자원이 많이 개발돼 있지 않다는 단점이 있어 캄보디아 정부는 관광 부문의 다양화를 위해 시하누크빌을 중심으로 하는 해양관광 리조트개발하고, 북동부의 고원 지대를 중심으로 하는 환경관광개발 을 추진하고 있으나, 자원 부족으로 민간업체의 투자에 의존하고 있는 상황이다. 이와 같이 캄보디아는 앙코르 문화유적 관광이라는 단순 관광에서 탈피해 문화유적 관광과 휴양을 겸한 복합적인 관광 국가로 성장하기 위한 노력하고 있다.

성장 잠재력

앙코르 와트 등 관광지 개발을 통한 관광객 유치

캄보디아는 독특한 역사적 유물과 오염되지 않은 자연경관을 간직하고 있으며, 아시아 관광대국인 태국을 비롯한 베트남, 라오스와도 인접하여 관광객 유치에 강점을 가지고 있다.

2012년에는 전년 대비 24.4% 증가한 360만명의 여행객을 유치하였으며, 2013년에는 17.5% 증가한 420만 명의 여행객이 방문했다. 세계 7대 불가사의 중 하나인 앙코르 와트는 유네스코 세계문화유산으로 지정되었으며, 인근에 호텔, 리조트, 위락시설 등이 집중되어 있으며, 지금도 거대한 관광단지가 조성되고 있다. 그리고 캄보디아 정부는 관광산업이 앙코르 와트에 편중된 점을 감안하여 시하누크빌을 중심으로 해양관광 리조트 개발과 북동부 고원지대 환경관광개발 등을 통한 관광지역의 다양화를 추진하고 있다.

원유 매장 확인으로 원유 수출과 및 세수 확대 기대

2001년 시추작업을 시작한 합작 컨소시엄(Chevron, Mitsui, GS칼텍스)이 2005년 캄보디아 남부 태국만 해상에서 상당량의 원유매장을 확인하였다. 원유생산은 2017년 이후에나 가능할 것으로 전망하고 있으며, 향후 석유생산이 가시화될 경우 석유수출 및 세수 증가로 재정적자 해소가 기대된다.

경제성장 정책 추진에 따른 빈곤 감축

캄보디아 정부는 경제성장, 고용창출, 사회구현, 정부 효율성 증대라는 4가지 정책목표(Rectangular strategy)를 시행함에 따라 2011년에 빈곤율이 20.5%로 낮아졌다. 하지만 부정부패, 인프라의 낙후, 열악한 노동여건, 도시와 농촌 간 격차 등으로 여전히 문제가 되고 있어, 4가지 정책 목표를 중심으로 추가적인 정책 시행이 예상된다.

저렴한 임금

캄보디아 정부는 봉제 의류 근로자들의 시위에 의해 2013년 12월 최저임금을 80달러에서 95달러로 인상하였다. 2018년까지 160달러로 인상할 계획이지만 아직도 주변 국가와 비교하면 임금이 낮은 상태이다.

캄보디아 투자 문제점

국가위험(Country Risk)

캄보디아에 대한 투자 리스크는 많이 약화되었음에도 불구하고 2007년 4월에 S&P(Standard & Poor's Corporation)에서 처음으로 캄보디아에 대한 채무위험도를 발표하였다. S&P는 캄보디아에 대한 전망을 '안정적'으로 평가하고 투자적격 등급 바로 아래인 'B+'등급으로 평가하였다. 2007년 5월에는 Moody's사에서 캄보디아에 대한 신용등급을 처음으로 발표하였는데, 내국통화 및 외환국채에 대한 등급을 'B2(높은 위험도)'로 평가하였다. 2013년 Moody's사 평가에서도 여전히 B2 등급을 받았다. 2013년 7월 총선 이후 불안정한 정세가 이어지고 있으며, 2013년 말과 2014년 초에 벌어진 봉제업 노동자들의 최저임금 인상 요구 시위와 파업으로 불안한 분위기를 조성하였다.
의류업계 노동조합은 파업 및 시위를 통해 저임금 및 열악한 작업환경의 개선을 요구하고 있으며, 경찰과 충돌로 사상자가 발생하기도 했다.

정치적 측면

1985년 이후 훈센(Hun Sen)총리의 캄보디아국민당이(CPP, Cambodia People's Party) 장기간 집권해 왔으나, 2013년 7월 총선에서는 야당인 캄보디아구국당(CNRP)의 약진이 두드러졌다. 하지만 CNRP는 인권당(Human Right Party)과 삼랑시당(Sam Rainsy Party)의 합당으로 출범하여 두당 출신세력 사이의 주요 정책 이슈에 대한 이견으로 분열 가능성이 존재하고 있다. 캄보디아는 입헌군주제를 채택하고 있다. 국가는 국왕이 대표하지만 실질적인 권력은 행사하지 않으며, 정치적 중립을 유지하고 있다. 수상은 국왕이 임명하지만 실질적으로는 다수당에서 선출하며, 각료는 수상이 국왕의 승인을 받아 임명한다.

현재 집권당인 캄보디아국민당이 과반수 의석을 확보하여 정부를 구성하고 있다. 2003년도 총선 이후에 실시된 2006년의 상원의원 선거에서도 집권당은 의석수를 늘렸으며, 2007년도 4월에 실시된 지방의회선거에서 거의 99% 의석을 차지하는 등 캄보디아국민당은 지지를 얻으며 정치적인 안정성이 더욱 높아질 것으로 예상이 되고 있으나 부정선거 의혹이 겹치면서 정국불안 양상을 보이고 있다. 또한, 앞으로 민심을 달래기 위해 훈센을 지지한 여당에서 최저 임금상승 및 유화정책들을 펼칠 가능성이 있어 외국인투자의 위축을 가져올 가능성이 존재한다.

경제적 측면

2013년 기준 캄보디아의 외채는 50억 달러 규모인 반면 2013년 외환보유고는 36억 달러이다. 외채규모가 GDP 규모에 비해 큰 상황이 계속되고 있으며, 외채의 대부분은 중장기외채이며, 단기부채 규모는 상대적으로 작아 문제가 되는 규모는 아니다. 그러나 현재 캄보디아는 국가채무를 제대로 상환할 능력이 없어 부채탕감 요청을 계속하고 있으며, 실례로 수십 년 전에 이루어진 러시아, 미국 채무 등을 현재 정권과 상관없는 이전 정권에서 발생한 일이니 부채를 탕감해달라는 요청을 하고 있다. 폴란드, 체코, 헝가리, 중국에서는 부채 전액 또는 부분탕감을 받았다. 그러나 추후 원유개발계획, 지속적인 관광객 증가 등의 긍정적인 요인들이 있어, 경제적인 측면에서의 위험요소는 줄일 수 있을 것으로 분석된다.

사회적 측면

사회적으로도 안정적인 단계에 접어들었다고 볼 수 있다. 캄보디아는 총기소지자가 많은 것으로 알려지고 있지만 정부의 강력한 사회 질서 안정정책으로 총기사고가 많이 감소하였다. 2000년에 정부 전복을 시도했고 2001년도에 프놈펜에서 호텔의 폭파를 주도했던 캄보디아 자유전사(CFF:Cambodia Freedom Fighters)도 프놈펜과 지방에서 대부분 검거되어 세력이 매우 약화되어있는 상황이다. 봉제 산업 이외의 다른 산업분야의 노조는 미약하고 사회적인 소요를 일으키는 원인이 되지 않고 있다. 다만, 전반적으로 일부 계층에 부의 편중이 심각해지고 있고, 대다수가 빈곤하게 살아가고 있다는 점이 사회불안의 요소로 작용할 가능성이 있다.

미흡한 인프라

국가의 기본인 인프라 확충이 미흡하여 운송에 시간이 과다하게 소요되고 있다. 총 39,618km의 도로중 약 6%정도인 2,492km의 도로만이 포장되어 있다. 이러한 환경은 물류비 비용증가에 따른 이윤 감소로 이어진다. 전력 보급은 19%에 불과하여 공장설립 시 발전 및 송배전망에 추가투자를 필요로 하게 된다. 관개시설, 창고보관시설 등이 미약하고, 정보통신망 미흡에 따른 제약도 따르게 된다. 외국인이 주재하여 생활할 때 겪는 문제는 병원 및 의료시설 낙후에 따른 제약도 큰 부분을 차지하고 있다. 특히 정전이 자주 발생하고 전력이 부족하여 주변 국가인 태국과 베트남에서 수입하여 사용하고 있는 상태이다.

부정부패

캄보디아는 국제투명성기구 평가에서 2008년 부패 정도가 세계 2위를 차지할 정도로 행정조직의 부패가 만연해 있다. 50~100달러 내외의 공무원 월급으로는 기본적인 생활이 어렵다고 생각하고 있으며 뇌물을 받아서 소득 부족분을 보충하는 것에 대해서 큰 문제로 여기지 않는 문화가 공무원 조직에 깊숙이 내재되어 있다. 이러한 문제로 행정처리 절차의 투명성이 부족하고, 이익(급행료, 수고비 등)이 생기지 않는 부분의 행정처리 속도는 아주 느리다. 또한 행정 전산화가 미흡하여 기본적인 자료, 정보축적이 잘 되어 있지 않으며, 직원들의 근무 태도는 매우 부족하다.

숙련된 노동력부족

전기공, 기계공, 공장가동 경험자 등 기술자 확보가 어렵고, 일부 가용 기술인력의 경우 상대적으로 고임금(150~600달러) 이어서 고용하기가 어려워, 대부분 초보자를 채용하여 숙련공을 자체 양성하고 있는 실정이다.

산업화로 인력을 양성하는 직업훈련시설이 절대적으로 부족하여 필요 인력을 태국 및 베트남 등지로부터 조달하여 활용하고 있다. 또한 최근에 봉제업 등 노동집약적 산업이 캄보디아로 많이 진출하면서 노동력확보에 다소 어려움은 겪고 있는 것으로 알려지고 있다. 이러한 산업 간의 경쟁으로 인해 비공식적인 노동자의 임금은 지속적으로 상승하고 있다.

원·부자재 조달문제

캄보디아 국내에서 제조업이 원·부자재를 확보하는데 2차 산업이 발달하지 않아 공급이 어려워 수입에 의존 할 수밖에 없는 실정이다. 생산시설가동을 위한 수선유지비도 상당히 높은 수준이고, 국내에 부품생산시설이 거의 없어 전량 수입에 의존하고 있는 실정이다. 그리고 도로사정으로 인하여 농산물의 경우 산지에서 가공공장까지 운반하는데 운송비 부담으로 어려움이 많다.

캄보디아의 신용평가도

1995년 파리클럽이 캄보디아에 대한 채무 2.5억 달러 중 67%를 탕감한 사실이 있으나, 양호한 외채상환태도를 유지하고 있다. 2012년 기준 총 외채잔액 중 중장기 양허성 차관의 비율이 79.4%로 단기적인 외채상환 불능 가능성은 낮은 것으로 보인다.

▋주요 기관별 평가등급 ▋

평가기관	최근 평가 등급		종전 평가 등급	
한국수출입은행	D1	(2013.7)	D1	(2012.11)
OECD	6등급	(2013.6)	6등급	(2012.3)
S&P	B	(2011.10)	B+	(2007.4)
Moody's	B2	(2014.3)	B2	(2007.5)

캄보디아 이야기

시하누크국왕 사진

동남아시아를 여행하다 보면 우리나라와 다르게 왕과 왕비의 사진을 많이 볼 수 있다. 길거리, 그리고 사무실이나 점포 안에도 왕의 사진이 걸려있다. 캄보디아에서 흔히 볼 수 있는 사진은 캄보디아 사람이 제일 존경하는 시하누크 국왕일 것이다. 1953년 당시 시하누크 국왕은 캄보디아를 프랑스로부터 독립시켜 독립의 아버지로 불리게 되었고, 이후 중립 정책으로 평화를 유지하며 시하누크시대를 이끌어 갔다.

이 시기의 캄보디아 수도인 프놈펜은 아름다운 거리와 치안이 좋아 '동양의 파리'로 불리었다. 1970년 친미파의 쿠데타로 시하누크 국왕은 외국으로 추방되었다. 그리고 1975년 폴 포트파가 프놈펜에 입성하여 시민들을 농촌으로 강제로 이주시켜 프놈펜은 무인 도시로 변하게 되었다. 폴 포트파는 급진적인 공산주의 개혁을 추진하여 200만 이상의 자국민을 학살시켰다. 1979년 베트남군의 침략으로 폴 포트정권이 붕괴되었고, 시하누크는 국내 3파 연합과 동맹을 결성하여 친 베트남파와 투쟁하였다.

1990년대에 들어와 파리평화협정이 체결되어 20년에 걸친 내전은 종결되었고, 1993년에 국제연합 캄보디아 잠정통치 속에 처음으로 총선거를 실시하여 입헌군주제도가 채택되어 시하누크 국왕은 다시 즉위하게 되었다. 2004년 아들인 시하모니에게 왕위를 물려주었으나 국민의 인기는 끊이지 않았고, 이후 정열적으로 자선활동을 펼쳤으며 2012년 89세의 나이로 세상을 떠났다.

캄보디아
관광 · 비즈니스

Ⅴ. 유익한 생활정보

주거

프놈펜 시내에는 5성급, 4성급 호텔 및 비즈니스급 호텔 등이 있다. 그리고 임대형 아파트가 있으며, 장기 거주자는 아파트를 임대하여 사용하고 있고, 단기 거주자는 호텔을 이용하는 경우가 많다. 가격은 호텔에 따라 다르며 보통 비즈니스호텔 1일 숙박 가격은 20달러이다. 하지만 매년 숙박료가 상승하고 있는 추세이다. 참고로 한국인이 경영하는 호텔도 있어 한국인이 구독하는 정보지에 숙박업소가 소개되어 있다.

의료서비스

외국인이 이용 가능한 의료서비스는 여전히 제한되어 프놈펜 시내에 있는 인터내셔널 SOS(International SOS)와 래플스 메디컬 센터(Raffles Medical Center)를 일반적으로 이용하고, 한국인이 이용할 수 있는 병원은 정보지를 통해서 알 수가 있다.

자녀교육

캄보디아에는 아직 한국인 학교가 없어 대부분 도심지에 있는 국제학교에 다니고 있다. 국제학교는 시내 여러 곳에 있지만 학교를 선택할 때는 주의해서 선택을 해야 한다. 대학도 우리나라와 같이 건물과 운동장이 갖추어진 곳이 거의 없으며, 건물만 있는 대학이 많다. 시설이나 교육의 질적인 면에서 매우 부족하다.

날치기

날치기 범인은 오토바이나 뚝뚝이 또는 보행자에게 접근하여 가방이나 귀중품을 신속하게 채어가기 때문에 다음과 같은 주의가 필요하다. 첫째, 외출 시에는 가능한 귀중한 물건을 소지하지 않는 것이 좋다. 둘째, 보행 중에는 휴대폰이나 가방을 차도에서 멀리 하는 것이 좋다. 셋째, 외출 중에는 의심스러운 사람이 미행을 하는지 확인하고, 불안을 느꼈을 때에는 파출소나 회사사무실, 상점 등으로 대피한다.

소매치기

프놈펜 시내 센트럴 마켓, 러시안 마켓, 나이트 마켓 등 복잡한 곳에서 소매치기가 많이 발생하고 있다. 그리고 마사지 중에도 지갑이나 귀중품을 분실하는 경우가 있기 때문에 주의가 필요하다. 소매치기 대비책으로서 첫째, 사람들이 붐비는 곳에서 상품을 구입할 때 거액의 현금이나 여권, 귀중품을 소지하지 말고 의심스러운 사람이 접근하고 있는지 확인한다. 둘째, 소지품은 자기 몸에서 가까운 곳에 두어야 한다. 셋째, 불법 서비스나 마사지 또는 나이트클럽 등은 이용하지 않는 것이 좋다.

강도

최근 발생하고 있는 범죄로서는 보행 중에 흉기로 위협하여 바닥에 엎드리게 한 후 현금이나 귀중품을 강탈하는 사건이 종종 발생하고 있어 밤늦게 돌아다니지 않는 것이 좋다. 강도에 대한 대비책으로 첫째, 오토바이나 뚝뚝이를 이용할 때에는 호텔이나 여행사의 소개를 받는 것이 좋다. 둘째, 밤에는 오토바이나 뚝뚝이를 이용하지 말고 택시를 이용하는 것이 좋다. 셋째, 오토바이나 뚝뚝이 이용 시 느낌이 좋지 않으면 당황하지 말고 밝은 곳에서 정차하는 것이 좋다.

사기

프놈펜 시내에 있는 소리아 마켓이나 리버사이드 부근에서 한국어를 사용하여 아는 척을 하여 교묘하게 신용카드를 강탈하거나 부정하게 사용하는 경우가 있어 주의가 필요하다. 사기에 대한 대비책으로는 첫째, 여행 중이나 출장 중에 알게 된 사람을 믿지 말고 함께 행동하거나 숙박 또는 식사를 하지 않는 것이 좋다. 둘째, 전혀 알지 못하는 사람에게 본인의 숙박지나 연락처 등을 쉽게 알려주지 말아야 한다.

La Residence Restaurant Phnom Penh

주소 St. 214, Central Market에서 자동차로 10분
전화 023-224-582

왕족과 각국의 요인들이 이용하는 정통파 프랑스요리 전문점

Origami

주소 84 Sothearos Blvd. Phnom Penh
전화 0120-968-095

초밥, 회, 꼬지, 튀김 등 일본 요리를 맛볼 수 있는 곳

Fox Wine Bistro

주소 104 Sothearos Blvd. Phnom Penh
전화 023-217-262

프랑스, 이탈리아, 스페인 등 유명한 와인과 함께 퓨전요리를
즐길 수 있는 곳

Tonle Bassac

주소 No.177 Street Mao Tse Tong, Sangkat Toul Svay
Prey, Phnom Penh
전화 023-210-019

뷔페 스타일의 대형 레스토랑으로 캄보디아 요리, 중국, 태국,
베트남 요리 등을 맛볼 수 있는 곳

FCC Phnom Penh

주소 No.363, Sisowath Quay, Phnom Penh
전화 023-724-014

프놈펜 강가에 위치한 레스토랑으로 파스타와 피자를 중심으로 한
음식을 제공하고, 해피아워에는 음료 50% 할인

🍽 L'Amboise

주소	313 Sisowath Quay, Phnom Penh
전화	023-426-288

캄보디아나 호텔에 있는 프랑스요리 전문점으로 30석 규모,
고급스러운 분위기로 안락한 시간을 보낼 수 있음

🍽 ViTO Pizzeria Bar

주소	Ground Floor Terrace Av. AEON MALL Phnom Penh, #132, St. Samdach Sothearos
전화	023-901-445

일본 후쿠오카에 본사를 두고 있는 피자전문점. 이온몰 개업과
동시에 입주하여 이탈리아식 피자가 유명

🍽 Khmer Surin

주소	#9, Street 57, Sangkat Boeung Keng Kang I, Khan Chamkarmon, Phnom Penh
전화	023-993-163

1996년에 개업한 크메르 전통 요리와 태국 요리로 유명

🍽 Sun Cafe

주소	No. 1, Street 92, Sangkat Wat Phnom
전화	023-430-333

왓트 프논 사원 부근 선웨이호텔 안에 있는 레스토랑

🍽 Mekong Restaurant

주소	313 Sisowath Quay, Phnom Penh
전화	023-426-288

1967년에 개업한 캄보디아나 호텔에 있는 레스토랑으로 매일
신선한 메뉴가 제공되며, 수영장을 전경으로 식사 가능

크메르 음식점

🍽 Khmer Surin

주소 No.9, St.57
전화 012-887-320
아목요리를 맛 볼 수 있음

🍽 Titanic

주소 Sisowath Quay
전화 023-427-209
캄보디아 전통무용을 볼 수 있음

🍽 Friend Restaurant

주소 No.67, St.240
전화 023-220-953
빈곤한 어린이들에게 요리를 가르치는 NGO
레스토랑

🍽 Sovana BBQ

주소 No.2C, St.21
전화 012-840-055
저렴하고 맛이 있기로 유명한 불고기
레스토랑

🍽 Tonle Bassac

주소 No.177, Mao Tse Tong Blvd
전화 023-210-019
모니봉거리 남쪽에 위치한 초대형 음식점

🍽 Frizz

주소 No.67, St.240
전화 023-220-953
크메르 요리 전문점으로, 아목요리가 유명

한국 음식점

🍽 Cafe Blue

주소 No.82, St.214
전화 012-350-551
불고기 전문점

🍽 Doo re

주소 No.245, St.63
전화 077-439-600
안락한 분위기

🍽 Jaru

주소 No.15, St.282
전화 012-450-902
한국 요리 전문점

🍽 Le Seoul

주소 No.62, Monivong Blvd
전화 023-427-000
점심도 가능하며 2층에 단체 실도 있음

일본 음식점

Kowa Japanese Restaurant
주소 No128D2, Sothearos Blvd
전화 069-521-665
돈가스가 유명하며 일본 술 판매

Suzume
주소 #14AEo, St.51, S/K Chaktomuch
전화 092-748-393
매일 다른 런치 제공

Shiki
주소 #24, St.294
전화 023-223-018
전통 있는 불고기집으로 조식 가능

Kushi Kushi
주소 #538, St.63
전화 098-949-455
꼬지 전문점

Ajisen-Ramen
주소 Np.477, St.1
전화 023-210-604
구아모토 라면 전문점

Sushi Honda
주소 No.24, St.57, BKK1
전화 023-223-099
초밥과 일본 요리를 제공함

Himajin
주소 #131, St.200
전화 012-280-033
일본식 선술집으로 가라오케 가능

Ichiriki Tei
주소 #10, Kampuchea Krom Blvd.
전화 023-638-8389
초밥, 햄버거, 튀김전문점

Hachi
주소 #26, Old August Site, Sothearos Blvd.
전화 023-223-099
호텔 안의 고급 선술집

Watami Japanese Dining
주소 Aeon Mall GF
전화 023-901-070
대형 체인 선술집

중국 음식점

Yi Sang
주소 St.3&ST.278
전화 023-220-992
중화요리 전문점

Yi Xian
주소 No.697A, Monivong Blvd
전화 023-428-318
중화요리 전문점

🍽 Dae Bak

주소 Savuitha Road 앙콜마켓 옆 골목
전화 092-35-58-11

한국인이 경영하는 식당으로 제일 유명하고, 6달러에 돼지불고기를
무한 리필로 먹을 수 있으며, 단품 메뉴 주문도 가능

🍽 Traditional Khmer Food

주소 Old Market Area
전화 017-999-927

크메르요리 전문점으로서 카페, 춘권 등 다양한 메뉴를 제공

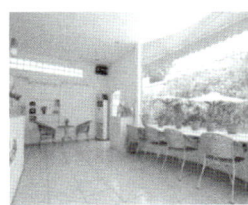

🍽 Cafe Puka Puka

주소 On the main road to Angkor Wat, in front of Sofitel Hote
전화 063-964-770

푸카는 꽃을 의미하며, 남국의 과일을 이용한 디저트가 유명

🍽 Cafe Moi Moi

주소 General Oung Oeng Park, Wat Thmey, Siem Reap
전화 092-255-563

일본인이 경영하는 카페 레스토랑

🍽 MALIS RESTAURANT SIEM REAP

주소 Pokambor Avenue
전화 015-824-888

크메르 요리 전문점

🍽 Eat At Khmer

주소 National Rd. 6
전화 012-280-748

크메르 요리 세트메뉴가 유명

🍽 Viroth's

주소 246, Wat Bo St.
전화 012-826-346

크메르 전통 요리가 유명

🍽 Rohatt Cafe

주소 KING'S ROAD Area
전화 093-888-500

아침에 죽, 생선, 야목을 제공

🍽 Tonle Chaktomuk

주소 Angkor Wat Rd.
전화 063-965-052

베트남, 크메르 요리 뷔페 레스토랑

🍽 Aha

주소 Old Market Area
전화 063-965-501

유럽인이 즐겨찾는 타파스풍의 캄보디아 요리 전문점

Le Tigre De Papier

주소 Pub St.
전화 012-265-811

인터내셔널 레스토랑으로 피자가 유명

Ginga Restaurant

주소 291, Angkor Wat Rd.
전화 063-963-366

캄보디아인이 경영하는 초밥, 회 전문점

Borei Cafe

주소 National Road 6, #0369, Banteay Chas, Slorkram,
        Siem Reap
전화 063-964-406

전통 체인 크메르 레스토랑으로 와인이 유명

L'Oasi Itariana

주소 4, Phum Trang
전화 092-418-917

토스카나 지방요리가 유명하며, 숲의 분위기가 좋음

크메르 음식점

🍽 Chanrey Tree

주소 Pokombo Ave
전화 063-767-997

크메르 궁중요리가 유명

🍽 Khmer Touch Cuisine

주소 Sivatha Bld, Old Market Area
전화 063-765-689

크메르 요리 전문점

🍽 Damnak Khmer

주소 Sivatha Blvd
전화 063-963-031

목조 주택을 개조한 캄보디아 요리 전문점

🍽 Socheata Restaurant

주소 Old Market Lane, Old Market Area
전화 012-698-483

개구리 볶음을 맛볼 수 있는 곳

🍽 Cafe Moi Moi

주소 Road to Angkor Wat
전화 012-627-277

일식, 크메르 요리 전문점

🍽 Eat at Khmer

주소 National Rd.6
전화 063-966-257

크메르 요리 전문점

아세안 음식점

🍽 Maharajah Royal Indian Cuisine

주소 Sivatha Blvd
전화 092-506-622

인도 궁중 요리 전문점

🍽 Yokohama Restaurant & Bar

주소 Angkor Night Market St.
전화 089-854-603

일본인이 경영하는 레스토랑

🍽 Yakitori Taisyo

주소 No.040, Mondul2, Svay Dangkum
전화 078-247-180

일본인이 운영하는 꼬지 전문점

🍽 Genkiya

주소 National Rd.6
전화 063-967-977

초밥, 회 전문점

서양 음식점

⊙ L'Angelo

주소 Vithei Charles de Gaulle
전화 063-963-900
파스타, 피자가 유명한 이탈리안 요리 전문점

⊙ Le Connaisseur

주소 Central Park
전화 063-760-428
유럽인이 많이 찾는 프랑스 요리 전문점

기타 레스토랑(시하누크빌)

⊙ Samurai Japanese Restaurant & Bar

주소 No.127, Makara St. Sihanoukville
전화 034-934-879
일본인이 운영하는 일본요리 전문점

⊙ Sandan

주소 Thnou St.
전화 034-452-4000
아목이 맛있고, 잡화도 판매함

🏨 PHNOM PENH HOTEL

등급 ★★★★☆
주소 53, MONIVONG BOULEVARD SANGKAT SRAH CHOK,
PHNOM PENH, CAMBODIA
전화 023-991-868

위치 프놈펜국제공항에서 10Km, 택시로 30분

🏨 Sofitel Phnom Phokeethra

등급 ★★★★★
주소 26 OLD AUGUEST SITE, SOTHEAROS BOULEVARD,
SANGKAT TONLE BASSAC
전화 023-999-200

위치 프놈펜국제공항에서 12Km, 택시로 40분

🏨 SUNWAY HOTEL

등급 ★★★★☆
주소 No.1, Street 92, Sangkat Wat Phnom, P.O. Box 633,
Phnom Penh 12202
전화 023-430-333

위치 프놈펜국제공항에서 9Km, 택시로 30분

🏨 CAMBODIANA HOTEL

등급 ★★★★★
주소 313 SISOWATH QUAY
전화 023-426-288

위치 프놈펜국제공항에서 13Km, 택시로 30분

🏨 Asia

주소 No.179, St.93
전화 023-427-825
요금 $25-60

🏨 Almond

주소 No.128F, St.3
전화 023-220-822
요금 $48-78

🏨 Cyclo Hotel

주소 No.50Eo, St.172
전화 023-992-128
요금 $23-

🏨 Nice Guest House

주소 No.209Eo, St.107, Sang Kat Beng
     Proit, Khan 7Makara
전화 023-211-911
요금 $11-15

🏨 Goldie Boutique Guest House

주소 No.6 B-D, St.57
전화 023-996-670
요금 $18-35

🏨 Sky Park Guest House

주소 No.78, St.111
전화 023-992-718
요금 $7-18

🏨 Anise Hotel & Restaurant

주소 No.2C, St.278
전화 023-222-522
요금 $37-77

🏨 Queen Boutique

주소 No.49A, St.214
전화 023-211-683
요금 $55-65

🏨 Town View

주소 No.65, St.174
전화 023-982-057
요금 $32-38

🏨 Capitol Guest House

주소 No.14AEo, St.182

전화 023-217-072
요금 $4

🏨 Sinh Foo Guest House

주소 Sisowath Quay
전화 023-990-168
요금 $15-50

🏨 Natural House Boutique House & Spa

주소 St.175
전화 097-918-8224
요금 $25-60

SOKA ANGKOR HOTEL

등급 ★★★★★
주소 NATIONAL ROAD NO.6, PHOUM TAPHUL
전화 063-969-999

위치 씨엠립공항에서 7Km, 택시로 15분

CITY ANGKOR HOTEL

등급 ★★★☆☆
주소 AIRPORT ROAD N 6
전화 063-760-336

위치 씨엠립공항에서 6Km, 택시로 10분

VICTORIA ANGKOR HOTEL

등급 ★★★★☆
주소 CENTRAL PARK
전화 063-760-428

위치 씨엠립공항에서 6Km, 택시로 10분

EMPRESS HOTEL

등급 ★★★★☆
주소 888,NATIONAL ROAD#6
전화 063-963-999

위치 씨엠립공항에서 5Km, 택시로 10분

ANGKOR MIRACLE HOTEL

등급 ★★★★☆
주소 NATIONAL RD NO.6A, KHUM SRORNGE
전화 063-969-900

위치 씨엠립공항에서 4Km, 택시로 10분

Angkor Grand Pleasure
특징 중화계 호텔로 옥상에 풀장이 있음
전화 063-968-178
요금 $50-200

Angkor Hotel
특징 전통있는 중급 호텔
전화 063-964-301
요금 $100-200

Angkor Holiday
특징 국도 6호선에 인접해 교통이 편리
전화 063-966-777
요금 $100-200

Casa Angkor
특징 서양인들에게 인기가 있음
전화 063-963-658
요금 $55-90

Angkor Holiday
특징 국도 6호선에 인접해 교통이 편리
전화 063-966-777
요금 $100-200

Casa Angkor
특징 서양인들에게 인기가 있음
전화 063-963-658
요금 $55-90

Claremont Angkor
특징 강가에 있는 소형 호텔
전화 063-966-898
요금 $56-112

Shining Angkor
특징 방이 크며 청결함
전화 063-963-096
요금 $50-160

Tree of Life Villa
특징 일본인이 운영하는 게스트하우스
전화 063-650-0029
요금 $20-35

IKI IKI Guest House
특징 찾기가 어려우나 쾌적한 분위기
전화 012-614-678
요금 $4-26

MANTRA Angkor Boutique
특징 일본인이 운영하는 게스트하우스
전화 089-620-016
요금 $10-

Jasmine Lodge
특징 풀장이 있는 게스트하우스
전화 012-784-980
요금 $12-35

🏨 Yellow Guest House

특징	TV가 있음
전화	012-275-848
요금	$8-20

🏨 Takeo Guest House

특징	식당을 겸비한 게스트하우스
전화	012-922-674
요금	$2-15

기타 (시하누크빌)

🏨 Sarang Guest House

전화	034-934-581
요금	$15-18

🏨 Liming Guest House

전화	015-566-788
요금	$15-30

🎁 AEON MALL Phnom Penh

주소 132, Sothearos St. Phnom Penh
전화 023-901-091

식품 및 의류, 잡화 전문점, 영화관, 게임장 등

🎁 Sa Boo

주소 No 288 Russain Martet
전화 088 464 5122

러시아마켓 안에 있는 비누전문점으로서 다양한 천연 원료를 사용
한 비누를 판매하고 있다. 시내 매장보다 저렴하게 판매하고 있어
선물용으로 부담이 없음

🎁 Lucky Mall

주소 Sivatha Blvd
전화 063-760-740

식품 및 잡화

🎁 Angkor Cookies

주소 Angkor Wat Rd
전화 017-976-660

앙코르 와트 모양의 쿠키전문점

🎁 Cambodia Tea Time

주소 Kokchok District, 1St.Charles-de Gaulle Tro Peung
      Ses Village
전화 063-761-397

캄보디아 전통 과자전문점

🎁 Institute For Khmer Traditonal Textiles

주소 No.472, Viheachen Village, Svaydongkum Commune
전화 063-964-437

실크판매 전문점

🎁 Siem Reap Book Center

주소 699, Pithnou St.
전화 012-929-298

책, 지도, 앙코르유적자료 판매

🎁 Angkor Candle

주소 Old Market 내
전화 077-896-896

앙코르모형의 캔들판매점

🎁 The Museum Shop

주소 968, Vithei Charles de Gaulle
전화 063-966-601

장신구 판매전문점

🎁 SPA KHMER

주소 behind Angkor high school
전화 011-345-039

천연소재로 만든 스파용품 판매점

Asia Herb Association
주소 In Aeon Mall 1F
전화 023-901-100
이온 몰 안에 있으며 24시 영업

Aziad'ee
주소 No.42, St.322
전화 092-753-718
인도, 이집트식 마사지

The Chiva Sokha Massage & Spa
주소 No.59A, Sothearos, Blvd(St.3)
전화 012-880-724
태국 마사지

Champei Spa
주소 No.38, St.57, BBK1
전화 023-222-846
크메르 전통 마사지

Amatak Beauty Spa
주소 No.101, Sisowath
전화 070-212-345
바디스크랩 종류가 많음

Amara Spa
주소 St.110 & Sisowath Quay
전화 023-998-730
리버 사이드에 위치

Asia Herb Association
주소 No.10, Sivatha Blvd
전화 063-964-555
태국에 본점을 둔 곳

Kaya Spa
주소 Old Market Area
전화 063-966-736
서양식 오일 마사지

Chai Masage
주소 Angkor Wat Rd.
전화 063-964-521
일본인 지도를 받은 마사지사가 서비스 제공

Bodia Spa
주소 Old Market Area
전화 063-761-593
아시아, 서양식 스타일

Sokkhak Spa
주소 Old Market Area(Sok San St.)
전화 063-763-797
자연소재를 이용한 마사지

Peaceful Message
주소 No.5, National Rd.6
전화 092-284-639
태국, 크메르식 마사지

Mekong Express	주　　소	#2020 National Road 5, Sangkat Toul Sangke, Khan Russey Keo. Phnom Penh
	전　　화	012 787 839 / 023 427 518 / 023 426 425
	서 비 스	화장실, WiFi, 음료수
	승 차 장 소	캄보디아 · 일본 우정다리 부근(픽업가능)

Capitol	주　　소	No, 14Eo, St.182 corner of St.107, 12258 Phnom Penh
	전　　화	012 404 650
	서 비 스	화장실
	승 차 장 소	올셋 마켓 부근(픽업가능)

Sokha Komar Tep	주　　소	#7Eo, St.106, Sankat Wat Phnom
	전　　화	023 991 414 / 017 545 151 / 097 354 5151
	서 비 스	화장실, 음료수
	승 차 장 소	센트럴 마켓 부근(픽업가능)

SAPACO Tourist	주　　소	No. 309, Sihanouk (St. 274). 12253 Phnom Penh
	전　　화	023 210 300
	서 비 스	화장실, 음료수
	승 차 장 소	나이트 마켓 부근(픽업가능)

VATEY VATANAK PHEAP	주　　소	No. 24, St. 222, 12211 Phnom Penh
	전　　화	023 213 797
	서 비 스	화장실, 음료수
	승 차 장 소	모니봉 도로250(픽업가능)

PHNOM PENH SORYA	주 소	Corner at Rue 217/67 (Sorya Theatre), Sangkat Phsar Thmey ii Khan Daun penh, Phnom Penh
	전 화	023 210 359
	서 비 스	없음
	승차장소	센트럴 마켓 부근(픽업불가)

GOLDEN BAYON EXPRESS	주 소	No. 3Eo, Prey Nokor (St. 126), 12208 Phnom Penh
	전 화	023 966 968 / 089 221 919 / 010 968 966
	서 비 스	WiFi, 음료수
	승차장소	센트럴 마켓 부근(픽업가능)

Giant ibis Transport	주 소	No. 3, St. 106, 12202 Phnom Penh
	전 화	023 999 333
	서 비 스	WiFi, 음료수
	승차장소	나이트 마켓 부근 (픽업가능)

KAMPOT EXPRESS	주 소	No. 22, St. 230, corner of Jawaharlal Nehru (St.215). 12159 Phnom Penh
	전 화	077 555 123
	서 비 스	음료수
	승차장소	시티 몰 부근(픽업가능)

VIRAK BUNTHAM EXPRESS	주 소	No. 1E1, Preah Moha Ksat Triani Kossomak (Ave 106). 12202 Phnom Penh
	전 화	089 998 761
	서 비 스	음료수
	승차장소	나이트 마켓 부근(픽업가능)

OLYMPIC BUS	주 소	No. 70 Eo. Monireth (St.217). 12159 Phnom Penh
	전 화	011 700 070
	서 비 스	-
	승 차 장 소	담코 마켓 부근(픽업가능)

CHAMP MEKONG TRAVEL	주 소	No. 37, St. 90, Phnom Penh
	전 화	023 696 8000 / 015 436 836 / 023 990 959
	서 비 스	음료수
	승 차 장 소	와트 프놈 사원 부근(픽업가능)

프놈펜출발

목적지	버스회사	요금	소요 시간	출발시간	차량
Siem Reap 314Km	Capital	$6	6h	6:30/7:30/8:30/10:15/ 12:00/13:30/14:30/ 17:30	대형
	Mekong	$12	6h	7:30/8:30/12:30/14:25	대형
	Sokha Komatep	$8	6h	8:00/8:30/13:00	대형
	Giant ibis	$13	6h	7:45/8:45/12:30	대형
	Virak Bunthm	$9	6h	18:00/20:00/23:00/ 24:00	대형
	Sorya 168	$5.75	6h	7:00/8:00/9:00/10:00/ 11:30/13:45/17:00	대형
	Golden Bayon	$10	5.5h	7:30/8:15/14:00/14:40	미니
	Virak Bunthm (VIP Hotel Bus)	$11	6h	24:00	대형
Sihanouk Ville 230Km	Capital	$5	4h	7:15/8:45/9:45/10:45/ 11:30/12:15/13:30/ 14:30	대형
	Virak Bunthm	$8	4h	13:30	대형
	Sorya 168	$5.5	4h	7:00/8:00/9:00/10:00/ 11:00/12:00/13:00/ 14:30/15:30	대형
Sihanouk Ville 230Km	Mekong	$12	4h	7:00/8:30/13:30/17:00	미니
	Golden Bayon	$10	3.5h	8:00/8:45/13:30/14:15	미니
	Giant ibis	$10	4h	8:30/12:30	미니
	Champa Mekong	$10	4h	22:00	미니

목적지	버스회사	요금	소요 시간	출발시간	차량
Kep 174km Kampot 148km	Sorya 168	$5	4h	7:30/9:30/12:00/14:30	대형
	Giant ibis	$8	2.5h	8:00/14:45	미니
	KAMPOT express	$8	2.5h	8:00/13:00/(16:30Fri/ Sat/Sun only)	미니
	Champa Mekong	$7	2.5h	8:00/14:00	미니
Battambang 291km	Golden Bayon	$10	4.5h	7:30/9:00/14:00/15:30	대형
	Virak Bunthm	$8	5h	21:00/21:30/0:30	대형
	Sorya 168	$5.75	6h	7:00/8:00/9:00/10:00/ 12:00/14:15	대형
	Mekong	$15	5h	6:20/7:30/12:30/15:00 /23:30	미니
Poipet 405km	Virak Bunthm	$10	8h	21:00/21:30/0:30	대형
	Sorya 168	$14	9h	6:30/8:00/10:00/12:00	대형
	Mekong	$3.25	7h	6:20/14:40/23:30	미니
Takeo 78km	Sorya 168	$9	2h	7:00/13:30	대형
Koh Kong 271 km	Virak Bunthm	$9	5.5h	7:45/12:30	대형
	Sorya 168	$6.75	6h	7:30	대형
	Olympic Bus	$7	5h	7:30/10:30	대형
	Olympic Bus	$10	4h	13:30	미니
Kompong Cham 124km	Sorya 168	$4.75	2.5h	7:00/7:15/7:45/8:00/ 8:3010:30/12:45/14:45	대형
Kratie 315km	Sorya 168	$9.75	5h	6:45/7:15/8:00/10:30	대형
Stoeng Treng 455km	Sorya 168	$12.25	8h	6:45/7:15	대형

목적지	버스회사	요금	소요 시간	출발시간	차량
Batanakiri 588km	Sorya 168	$12.75	10h	7:00	대형
Mondul Kiri 521km	Sorya 168	$10.25	6h	8:30	대형
	Vatey Vatanak	$12	6h	7:00	미니
Preah Vihea 294km	Sorya 168	$6.75	9h	8:15	대형
Sisophon	Sorya 168	$6.75	8h	6:30/8:00/10:00/12:00 /14:15	대형

To Vietnam

목적지	버스회사	요금	소요 시간	출발시간	차량
Ho Chi Minh 240km	Capital	$10	6h	6:45/8:30/13:30	대형
	Mekong	$13	8h	6:30/7:00/8:30/14:00	대형
	Sorya 168	$10	6h	6:45/8:45/11:45/13:45 /16:15	대형
	Sapaco	$11	6h	6:00/7:00/8:00/9:00/ 10:00/11:30/12:30/ 14:00	대형
	Virak Bunthm	$14	8h	0:30	대형
	Champa Mekong	$12	6h	7:00/8:30/10:00/12:30 /14:30	대형
Phu Quoc island	Champa Mekong	$28	7h	8:00	미니

To Thailand

목적지	버스회사	요금	소요시간	출발시간	차량
Bangkok	Capital	$18	12h	–	대형
Poipet Border	Virak Bunthm	$23	12h	–	대형
Koh Kong Border	Virak Bunthm	$29	12h	–	대형
Poipet Border	Virak Bunthm	$23	8h	–	대형
Koh Kong Border	Virak Bunthm	$23	8h	–	대형
Poipet Border	Virak Bunthm	$19	7h	–	대형
Koh Kong Border	Virak Bunthm	$19	7h	–	대형

To Laos

목적지	버스회사	요금	소요시간	출발시간	차량
Pakse	Sorya 168	$28	12h	–	대형
Vientiane	Sorya 168	$45	23h	–	대형

생 활 용 어

안녕하세요	쑤어 쓰다이, 쭘리업 쑤어
감사합니다	어꾼
실례합니다	쏨 또
네	남자 – 받, 여자 – 짜
아니오	엇 때
이름이 무엇입니까?	츄모 아이
얼마입니까?	뜰라이 뽐만
깎아주세요	쏨 쩌 뜰라이
계산서	끌로이
물	떡
얼음	떡꺼
따뜻한 물	떡 끄다우
많이 덥군요	끄다우 나
많이 시원하군요	또로쩨아 나
잘했습니다	뽀로사으 나
화장실	번 뜹떡
하지마세요	꼼 뜨이
어서오세요	스오꼼
앉으세요	앙꼬이 쪽
제가 도와 드릴게요	크농 쭈어이 아오이

숫 자			
1	모이	20	머파이
2	삐	30	쌈썹
3	바이	40	싸이썹
4	부은	50	하썹
5	쁘람	60	혹썹
6	쁘람모이	70	젯썹
7	쁘람삐	80	펫썹
8	쁘람바이	90	까오썹
9	쁘람부은	100	모이로이
10	답	1000	모이쁜
11	답모이	10000	모이언

프놈펜지역

주요기관		교육기관	
대사관	023-211-900	프놈펜 한국국제학교	
당직실 전화	092-555-235	023-901-500	
사건사고	012-216-112	후원금 입금계좌	
여권분실	012-813-422	PPCBank 111-02-133850-3	
씨엠립 영사협력원	012-306-256	예금주: K.I.S.O.P.P.CO.LTD	
한인회	023-632-3626	KLC한국어학교	092-946-070
코트라 프놈펜	023-999-099	호산나유·초·중·고등학교	092-663-373
해외건설협회	023-220-704	KEC 교육센타	092-405-764
KOICA(한국국제협력단)	023-964-150	반석학원	092-490-656
캄보디아 군인 태권도 연맹	012-201-384	국어(초/중등/특례/한글)	092-998-559
산업인력공단	023-997-822	미술학원(아동/입시전문)	012-419-260
프놈펜한글학교	089-588-870	미술개인교습	077-779-057
국가유공자협의회	012-790-701	수학개인지도	096-2151-962
재캄한경회	012-859-91	유니온태권도	077-773-926
재캄한인선교사회	012-223-546	CLC 캄보디아 언어학원	017-870-032
섬유협의회	012-418-474	캄보디아어&영어지도	017-600-751
부동산협의회	012-765-500	성악지도	092-761-101
캄보디아왕국군	012-201-384	뉴스브리핑	017-556-544
기독실업인회	012-896-649	크리스챤타임즈	012-836-152
부동산&컨설팅		수학 공부방	017-423-973
베스트빌 부동산	017-678-872	수학 과외	087-317-950
부동산뱅크	023-992-575		

종교기관&NGO		은행&법인사무소	
프놈펜한인교회	023-215-722	국민은행캄보디아	023-999-300
프놈펜제일교회	012-394-450	부영크메르은행	023-951-888
예수사랑가족교회	092-681-004	신한크메르은행	023-727-380
순복음엘림교회	012-791-887	캄코은행	023-224-660
프놈펜선린교회	017-787-472	프놈펜상업은행	023-999-500
해맑음교회	017-601-114	ABA은행	023-225-333
프놈펜은혜한인교회	012-489-622	Candia Bank	012-507-104
프놈펜큰빛교회	012-264-364	토마토뱅크	023-227-555
동광교회	017-529-610	캠캐피탈은행	023-999-990
천주교공동체	012-250-515	동양증권	023-860-800
캄보디아불자모임회	010-812-544	명진법무행정	012-479-524
NGO LFM	012-862-346	SM회계법인	023-990-853
K.M.S.C	012-717-332	법무법인 에이펙스	023-213-030
장로교공의회	023-357-401	A&P회계법인	012-522-445
NOG KCSC	016-987-915	우리회계법인	017-450-056
IDI 캄보디아	023-210-427	법무법인 지평지성	023-726-897
국제옥수수재단	016-852-885	법무법인 영진	023-957-179
다일공동체(프놈펜, 씨엠립)	012-808-861	법무법인 C.I.L.F	077-929-200
캄선교공동체	017-730-883	Prime MF	023-993-909
원불교 청수나눔 실천회	012-668-123	솔로몬회계법인	097-624-7480
원불교 원광 탁아소	092-167-850	앤트(ANT) 회계법인	012-668-846
NGO World Development	012-250-516	WIN 법률컨설팅	012-217-660
INGO 보금자리	017-746-922	정보지	
캄태권도선교협회	012-562-807	뉴스브리핑	012-952-046
이화사회복지센터	010-266-706	라이프프라자	092-88-1004
프놈펜마음수련회	078-901-434	주간캄푸치아	092-944-560
캄보디아사랑의밥차	095-717-890	파란광고기획	097-610-2255
CMS CAMBODIA	017-323-804		

봉제 및 관련업체		건설&전기 관련업체	
가원어패럴	012-418-474	성신건설	012-859-891
대광가멘트	012-360-741	포스코건설	023-224-511
대영캄보디아	023-725-155	(주)현대엠코	023-964-001
동보크리에이션	012-1719-473	금호건설	023-353-557
상우캄보디아	025-396-616	보고건설	092-227-070
세라텍스	023-890-715	광명건설	012-226-273
서흥인터네셔날	023-219-621	길건설	023-215-500
신창바인딩	023-995-651	(주)비전쏙킴	092-168-955
약진캄보디아	023-222-643	코시아건설주식회사	012-511-744
에버그린	023-722-571	올네이션 캄보디아법인	012-902-351
에이스어패럴	023-352-131	PPIS	023-8888-75
인경캄보디아	023-890-591	캄동영건설	092-806-112
인제가멘트	023-882-345	자이안트종합건설	012-275-000
진명가멘트	092-973-886	마루	092-383-884
카보텍스 캄보디아	012-866-444	Infeel	012-507-647
키앤키월드	023-890-370	Deco Plus	076-674-037
캄보한샘	023-890-114	삼낭트마이이엔씨	012-319-926
한성캄보디아	023-982-720	하이엠산업	012-464-111
ASD캄보디아	023-219-720	혜성캄보디아	012-211-673
DA코퍼레이션	023-6355-234	금영스틸	023-982-303
윈캄코퍼레이션	012-222-401	O C. 퍼니처	023-224-961
SRP가멘트	092-619-880	코렉스플라스틱	012-300-842
은성자수	012-606-890	KTC Cable	023-999-114
하나EMB	023-600-344	이노테크	012-590-013
세진자수	012-222-751	인테리어 프놈	012-897-334
프린팅 제일코비	012-945-800	(주) 영광전기	012-439-960
신창테크	023-890-751	삼우전기	023-361-830
HM플라스틱	023-369-169	강화E&C(전기공사)	088-767-3000

농장&농업관련		차량&물류&무역	
MH바이오	077-816-167	준로지스틱스	097-828-9334
메콩쌀정미소	012-888-415	(주)한진	012-546-235
(주)코지드	070-7430-8068	(주)대길무역(운송)	092-782-738
기현농축산	012-224-401	7777자동차 판매·정비·도장	088-800-0222
알파농산업	097-952-5312	MICAP	088-953-2211
무학양돈장	012-557-001	GG로지스틱스	012-181-2424
한프레쉬	023-880-058	우진종합상사	010-383-861
Black Stone Farm Group	097-958-1771	캄베스트	012-905-190
Sharon Farm	011-908-262	식품&유통관련	
Green Max	012-998-918	강산정수기	012-331-310
JunbinAgro	011-798-103	제주삼다수	012-525-797
Unita Co.Ltd	012-924-620	온누리마트	077-933-488
BNA(CAM)	011-633-772	서울마트	017-801-010
대농캄보디아	077-354-150	한국식품	012-949-811
병원&약국		떡사랑	092-336-342
헤브론 병원	023-6336-119	떡고을&마트	092-486-060
명리한방병원	012-620-210	닥터 슈퍼칸	012-957-074
W CLINIC	023-980-777	카파노니&상황버섯	092-224-456
솔 병원	097-812-2887	메콩 쌀 정미소	012-888-415
필 한의원	012-823-210	LG 백화점	012-617-377
제일 종합 병원	012-752-020	하나유통	012-720-533
캄보 삼성 클리닉	098-505-944	김마트	092-890-010
대양약국	012-886-933	진로식품	023-881-755
뜸치료	012-510-633	진로식품 모니봉점	092-331-993
벧엘미치과	088-444-3000	Blue Meat	099-644-752
Malis Dental Clinic	023-964-142	한캄정육점	017-795-638
		베스트코리안마트	023-880-047
		보해양조 복분자	012-617-377

미용&피부관리&마사지		호텔&하숙	
미인토탈뷰티샵	012-732-643	임페리얼 호텔	023-219-991
에바다헤어살롱	077-383-347	리갈호텔	097-789-774
니키헤어	088-5535-181	LG 오피스텔	017-671-173
HAIR K	012-256-803	GGP호텔	017-288-001
JUN SKIN&BODY	097-5566-901	연가호텔	012-381-119
Nail Holic	012-357-887	다라 에어포트 호텔	023-888-668
미샤	086-537-621	썬버드 앙코르	092-941-002
White Shop	015-222-886	가빈호텔하숙	012-643-221
고우리 화장품	010-258-007	하숙	012-967-900
백광미용상사	023-993-875	독도하숙	077-678-918
코리아나화장품	097-9604-201	프놈펜 홈스테이	012-817-563
일진헤어제품	0979-604-202	Eden Resort	
치바소카 마사지	092-806-112	노래방&클럽&카지노	
The Relax 마사지 센터	089-720-670	클럽아리수	092-778-478
새한헤어제품	017-516-453	아틀란틱노래방	089-847-141
항공사&여행사&골프		Rock	012-701-888
아시아나항공	023-890-441~2	리갈노래방	092-789-774
대한항공	023-224-047 092-888-386	피아노클럽	092-647-530 012-701-022
썬버드 (대한항공)	092-941-004	한인동호회	
썬버드 (아시아나)	092-941-005	호산나축구선교회	012-343-103
마스터여행사	012-953-353	한우리축구회	012-966-770
앙코르 일일 투어	092-330-150	태권도선교회	012-562-807
K-2여행사	012-201-004	사물놀이동호회	092-731-884
오픈트래블	023-300-007	프놈펜테니스동호회	092-500-311
GOLFWORKS (Club Making)	011-990-903	캄보디아탁구동호회	092-454-891
그랜드 프놈펜 골프 클럽	023-5555-705	기독실업인회	092-992-913
GOLFZONE (스크린 골프)	017-540-530	재캄해병전우회	088-331-1110

식당&야식&치킨		주요 필수 교민업소	
르서울 레스토랑	023-427-000	건가드금고	017-447-014
별미횟집	017-991-449	다이알애니(전화)	017-999-190
면류관	092-310-016	락앤락	023-223-331
대장금	012-750-146	렌트가(VIP차량)	077-929-200
서울면옥	092-454-092	수노래방	017-678-872
사랑채	012-884-339	CSC경비회사(CCTV)	012-949-306
모앤모 레스토랑	012-660-532	인피니티보험	012-893-047
최고집 식당	012-774-628	임마뉴엘보험	023-217-208
청도	088-640-1122	쫑생쫑사 당구장	017-744-493
메콩강	012-732-704	주방기계판매	012-380-876
매콤달콤	077-249-930	KT&G 담배총판	012-226-777
강남스타일	012-246-114	Cako's 복사기	097-763-8081
프놈펜 식당	092-522-778	LG백화점&인터넷샵	017-671-173
한국관	092-777-501	LG에어콘(I.M.E)	023-969-147
압사라	012-995-354	프린통(명함)	017-876-119
사랑의김치	015-521-843	냉장고&컴퓨터&수리	017-671-173
비원	012-707-733	에버론	017-666-875
오뎅바	012-591-751	고야차판매	017-902-121
엄마손김치	092-589-340	염캄번역통역	017-600-751
둥지식당	097-640-2851	영어특별지도	017-323-805
친친	012-657-536	프놈펜 기원	012-350-110
뚤뿜뿡 식당	017-770-015	베로니카회원	017-382-123
독도+한국반점	092-603-691	The Stylist	077-800-794
뚱낙원	089-517-010	최프로 골프레슨	098-258-152
라 코리아	023-211-013	HK렌트카	012-248-123
로뎀나무	092-549-600	렌트LEE	092-690-479
로사	012-670-960	The Phone	012-236-191
마루샤브	011-588-123	KOVI TV(한국방송)	076-609-3480
만두엔 짜장	088-756-8470	아리랑페이트(AiC)	012-895-862

씨엠립지역

주요기관	
씨엠립한인회	092-137-400
한글학교	012-202-320
상인연합회	063-965-491
한국가이드협회	063-760-133
카나디아은행	011-337-119

교회&학원	
참빛교회	012-221-025 REE호텔 건너편 주일예배 1부:7:30/2부:11:00 담임목사 배봉신
글샘학원	092-219-600
Lamp for Mercy	012-862-346
다일공동체	012-808-861
NIBC	012-413-103
NGO Lotus World	012-297-507
Angkor COEX	063-963-222
애국청년단	012-821-773

항공&차량&여행사	
아시아나항공	063-965-206
대한항공	023-224-047
방콕에어	063-380-191
베트남항공	063-964-488
캄미션투어	012-753-100
앙코르 일일투어	077-890-801
앙코르 투어	012-912-005
RAC 우등고속	092-690-119
Best Friend Tour	063-965-324
CCT	012-399-113
CIC	063-761-382

호텔&게스트하우스	
압사라홈 게스트하우스	012-670-772
글로벌 게스트	012-709-411
드라곤로얄호텔	063-966-666
라마호텔	063-965-733
서울가든	012-912-005
압사라게스트	092-122-806
앙코르톰호텔	012-912-005

라텍스&상황&보석&기념품	
GM Latex	063-964-952
Latex Plaza	092-530-792
Para Latex	092-330-878
모닝스타	063-965-241
내추럴상황	012-996-185
앙코르상황	012-542-300
원시림상황	012-497-252
지노젬	063-760-692
서진젬	063-761-411
갤러리아명품샵	012-1775-257
노블레스명품샵	012-431-920
수와레기념품	063-760-355

노래방&마사지	
파라코쿤	063-965-442
CNN	012-322-525
보스	092-774-394
비너스	99-694-944
Lim Sabay	012-252-104
담낙스파	092-946-571

식품&식당&카페		생활필수업소	
베스트코리안마트	063-6907-850	뉴페이스헤어샵	092-308-328
만두엔짜장	012-753-100	제니스킨헤어	012-805-844
킴스마트	012-753-100	노블스킨헤어	012-668-754
진로식품	092-774-577	골든캣여성의류	012-428-755
Caffe Ti-amo	092-506-340	키즈하우스의류	092-305-059
Than sure	012-414-358	삼창가스	063-967-363
VIP 한국관	012-827-230	MK Autopia	012-1858-501
강강술래	012-385-230	OK Car Station	092-561-301
고려정가	012-253-997	라마카센터	092-185-471
꼬레가든	092-573-533	K 당구장	012-482-708
그린망고	012-964-584	TOR 중고백화점	017-775-247
김소연청국장불고기	017-220-070	로터스플라워	092-773-562
대박	092-35-58-11	젤존피씨방	092-219-600
럭키수끼	092-844-798	한인 동호회	
로드카페	092-260-450	씨엠립 축구 동호회	012-708-658
마당	092-331-995	씨엠립 골프 동호회	012-833-847
마포가든	012-1862-520	시하누크빌	
명가	012-1999-001	킴퐁섬양문교회	012-708-658
미가	092-530-240	퀸힐 리조트	012-833-847
비원	012-415-237	캄삽비치호텔	092-823-422
상황나라	012-767-800	말리부하우스	092-502-140
서울가든	012-912-005	앙코르 여행사	088-8144-005
술고래	012-207-148	호텔 포츄나	034-933-581
신대감숯불갈비	012-892-258	Nice 마사지	012-430-227
아리랑	012-312-050	하와이 리조트	011-909-019
앙코르수끼	092-506-342		
앙코르파워	012-707-304		
장원가든	012-558-119		
제일식당	092-825-114		

Memo

캄보디아
관광 · 비즈니스

Ⅵ. 부록(지도)

프놈펜 지도 Phnom Penh Map

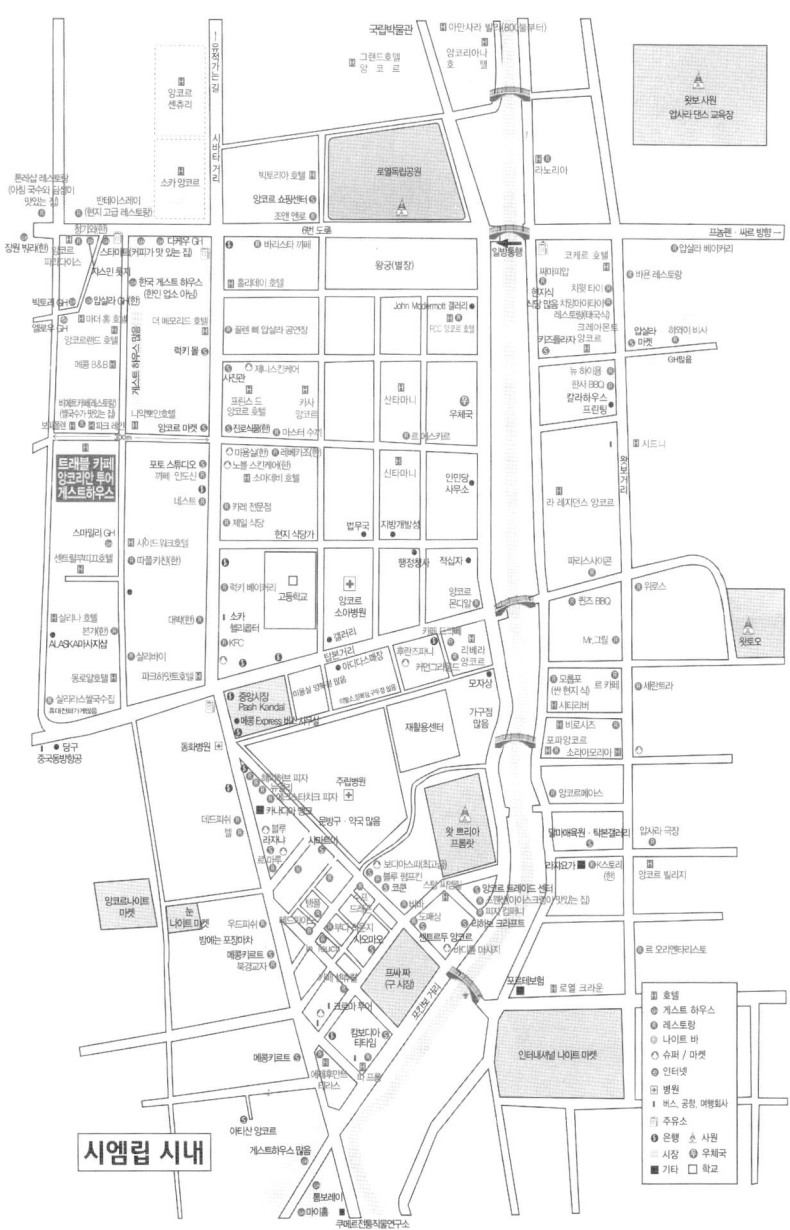

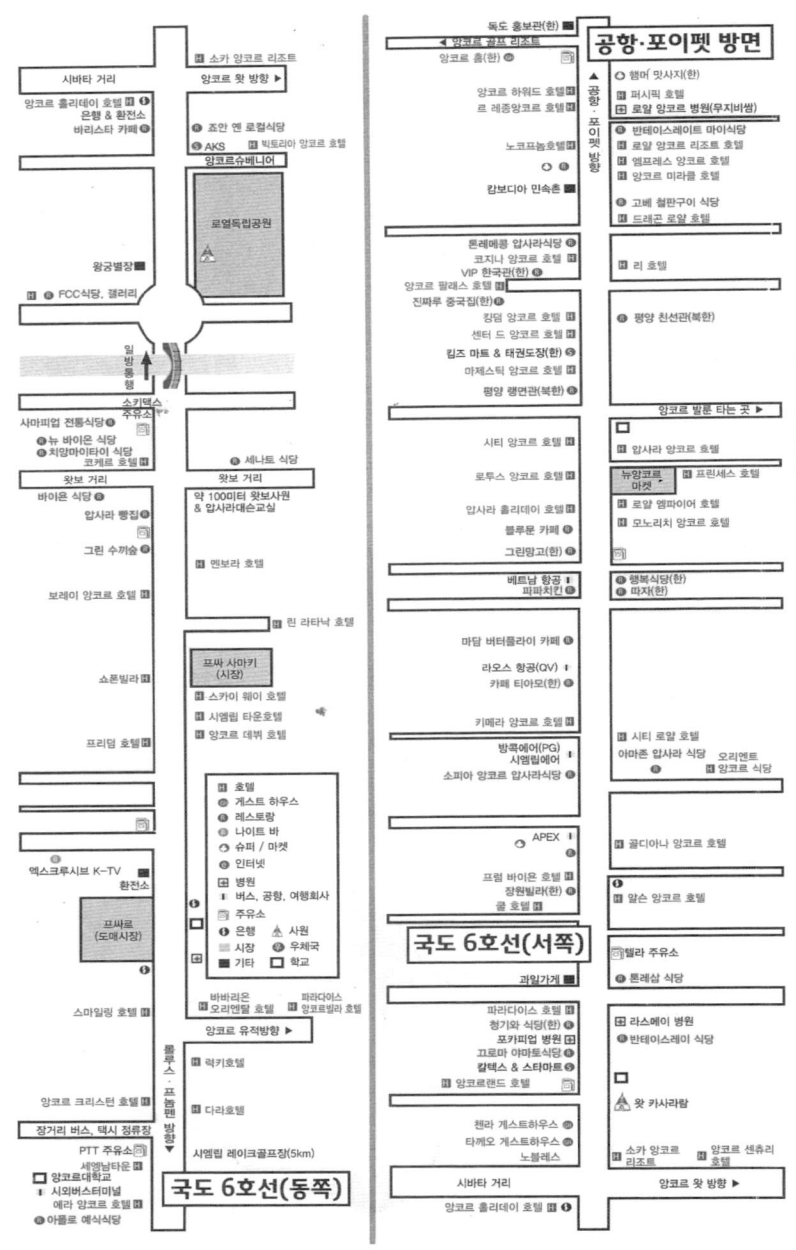

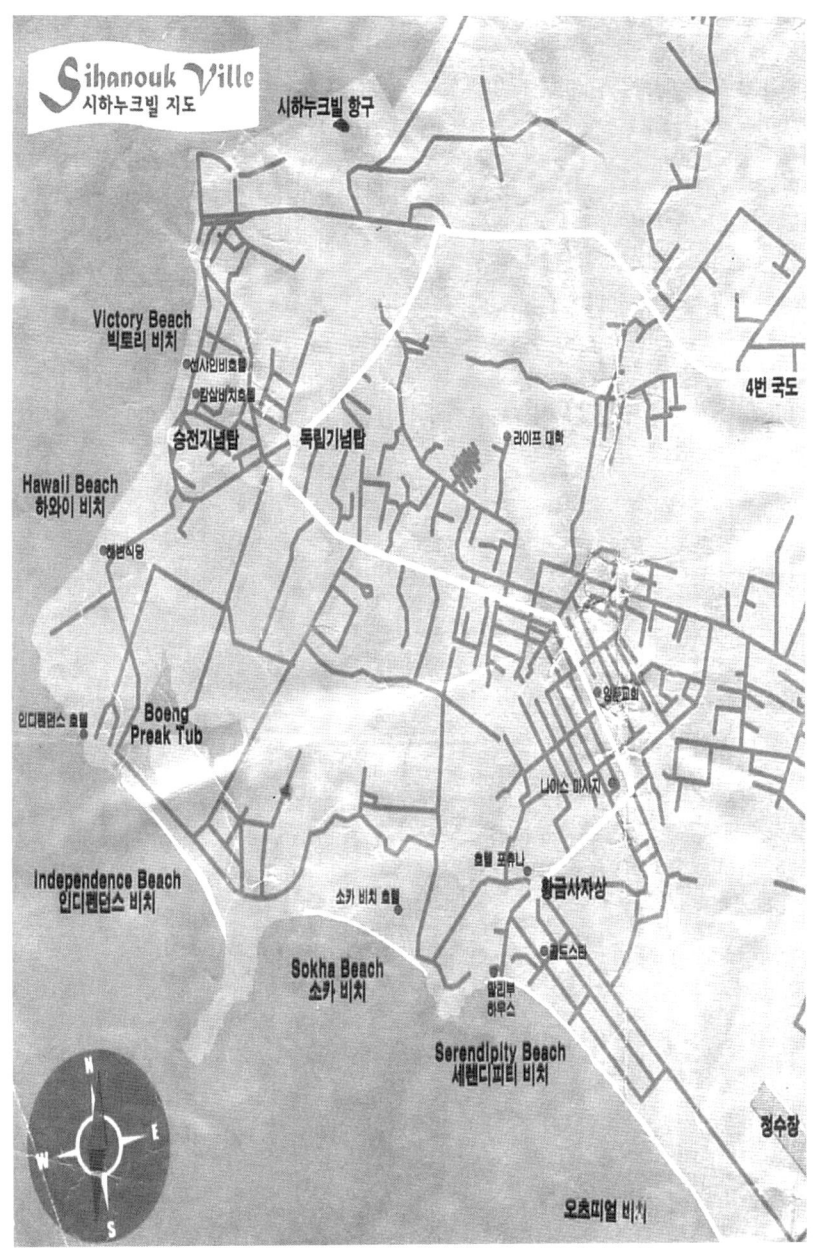

참고문헌

- 정수원, CAMBODIA GUIDE BOOK, 보명, 2015년
- Discovery Asia in Cambodia, 2013년
- NyoNyum, 2010년 CJ Sinc
- Krorma magazine, 2014년 APEX Cambodia
- Angkor Wat and Cambodia, 2013~2014년
- 프놈펜 생활안내, 2011년 마루항 Japan bank
- Phnom 2013 Kanasan kobo, 2013년 CJ Sinc
- Life Plaza, 2013년
- 뉴스브리핑 캄보디아, 2018년
- 캄보디아 상업 등기 핸드북, JICA, 2014년
- 캄보디아 투자현황, JETRO, 2018년
- 캄보디아 정보, 2015년 한국수출입은행
- yahoo.co.jp, 2018년
- KOTRA, 캄보디아 정보, 2018년
- KITI, 2018년
- 한국수출입은행, 해외경제연구소, 2018년
- JTB 캄보디아, 2018년

저자약력

정수원 (상학박사)

- 동서대학교 국제통상전공 교수(국제경영, 국제마케팅, 창업론)
- 일본 도요대학 상학부 졸업(상학학사)
- 일본 다쿠쇼쿠대학 상학연구과(상학석사)
- 일본 다쿠쇼쿠대학 상학연구과(상학박사)
- 일본 조사이대학 교환교수
- (전) 동서대학교 국제학부 학부장
- (전) 동서대학교 취업정보실장
- (전) 동서대학교 대학원 교학부장
- (전) 동서대학교 사회교육원 원장

주요저서

- 현대 국제경제론, 야치오출판(일본)
- 글로벌매너 글로벌경영, 만남출판
- 소자본창업과 경영, 문영사
- 창업과 점포관리, 문영사
- 일본사회·문화, 제이엔씨
- 일본 IT취업 일본어(상.하), 제이엔씨
- 비즈니스 일본어, 제이엔씨
- 캄보디아 GUIDE BOOK, 보명 등 다수

사회활동 및 표창

- (전) 산업자원부 서비스품질인증 심사위원
- (전) 중소기업청 소상공인자영업컨설팅 심사위원장
- (현) 부산지방 노동위원회 조정공익위원
- (현) 부산항만공사 심사위원
- (현) 사상구 평생교육협의회 위원
- 중소기업청장 표창
- 중소기업특별위원장 표창
- 일본 문부성 국비장학생(1989년~1992년)

　캄보디아를 생각하면 가장 먼저 떠오르는 것이 그 유명한 영화 '킬링필드'이다. 한 지도자의 잘못으로 많은 사람들이 목숨을 잃었고, 지금도 그 후유증이 동남아시아 최고의 빈곤국가로 만들었다. 부정부패는 상상을 초월하고, 외제차에 거대한 저택에서 살고 있는 사람이 있는 가하면, 하루에 1~2달러로 생활하고 있는 사람도 있다. 인프라가 부족하여 전기도 태국, 베트남, 라오스에서 수입을 하여 사용하고 있고, 아직도 농촌에는 전기, 가스가 없어 나무로 밥을 해 먹으며 살고 있다. 이러한 생활이 남의 일로만 보이지 않는다. 우리나라에서 상영된 영화 '국제시장'에서 본 것처럼 우리나라도 한 때는 미군들에게 초콜릿과 껌을 달라고 졸라대는 어린 아이의 모습이 오늘날 캄보디아와 다른 것이 없다. 관광지나 길거리에서 외국인들에게 'one 달러' 'one 달러' 하고 구걸을 하는 모습을 보면 마음이 찡할 때가 많다. 하지만 이제 캄보디아도 서서히 국가발전을 위해 눈을 뜨기 시작했고, 외국기업 유치를 위해 많은 노력한 결과 프놈펜을 비롯한 인근 도시는 나날이 발전해 가고 있다.

　국제비즈니스에 있어 제일 중요한 것은 언어 습득과 문화 이해이다. 우리나라는 아직 캄보디아 언어인 크메르어를 가르치는 교육기관이 한 곳도 없다. 캄보디아에 대한 지식이 없다 보니 우리나라 부산에 있는 모 금융회사가 프놈펜에 거대한 주택단지개발(캄코시티)에 투자를 하였으나 부도로 인해 많은 서민들을 울린 적이 있다. 이 주택단지개발은 조금씩 변해가고 있지만 아직도 공사가 멈추어져 있다. 캄보디아에 관한 연구를 하면서 어느 할머니가 캄보디아에 투자하여 부도를 낸 부산의 모 금융회사를 찾아가 문짝을 붙들고 '내 돈 내놔라'

'내 돈 내놔라'하고 통곡하는 모습이 아직도 나의 머릿속에서 잊혀지지 않고 있다. 이는 사전 조사 없이 이루어진 무리한 투자가 낳은 결과이다.

현재 캄보디아 젊은이들은 코리안 드림을 품고 1년에 수 천명이 우리나라에 입국하고 있다. 이들은 우리나라 산업현장에 투입되어 금전적인 소득과 선진기술을 배워서 자기 나라 발전을 위해 열심히 노력할 것이며, 우리가 가르쳐준 기술은 캄보디아 경제발전에 크게 기여할 것으로 생각한다.

캄보디아는 지리적으로 동남아시아 허브 역할을 하고 있다. 육로를 이용하여 태국에서 베트남으로 이동하거나 베트남에서 태국으로 이동한다고 하면 반드시 캄보디아를 거쳐야 한다. 지금 이곳은 도로 건설이 한창이다. 한 때 우리나라는 대 캄보디아 직접투자 1위 국가였으나 지금은 중국과 일본에 밀리고 있다. 캄보디아 국내에서 이들 국가와 경쟁하기 위해서는 캄보디아에 대해서 잘 알아야 하고 우호관계를 돈독히 해야 한다. 캄보디아를 방문할 때마다 우리나라의 옛모습을 거울 속에서 보는듯한 느낌이 든다. '개구리가 올챙이 시절'을 잊어서는 안 되는 것처럼, 동남아시아 최고의 빈곤국가라 하더라도 캄보디아 투자에 두 번 다시 실패를 하지 않기 위해서 캄보디아에 대한 많은 연구가 필요하다.

캄보디아 관광·비즈니스

2019년 1월 23일 초판 인쇄
2019년 1월 30일 초판 발행

저 자 ︱ 정수원
발행인 ︱ 최익영
펴낸곳 ︱ 도서출판 책연
주 소 ︱ 인천광역시 부평구 부영로 196, 10동 1007호(부평동, 대림아파트)
        Tel (02) 2274-4540 ︱ Fax (02) 2274-4542

ISBN 979-11-965715-0-4   03980   정가 15,000원